HEGOUMENA THAÏSSIA
VAN LEOUCHINO

BRIEVEN AAN EEN NOVICE

UITGEVERIJ ORTHODOX LOGOS

HEGOUMENA THAÏSSIA VAN LEOUCHINO

BRIEVEN AAN EEN NOVICE

Vertaald door
Vader Gerard Mathijsen
Oud-abt van de Abdij van Egmond
uit het Frans, en met de hulp van
Moeder Maria ✠ stichteres en abdis
van het Heilig Klooster van de Geboorte van de Moeder
Gods te Asten
uit het Russisch

Opgedragen aan de nagedachtenis van Moeder Maria
ontslapen 24 juni 2016

© 2022, Uitgeverij Orthodox Logos

www.orthodoxlogos.com

ISBN: 978-1-914337-68-0

Op dit boek rust copyright. Niets uit deze uitgave mag worden verveelvoudigd, opgeslagen in een geautomatiseerd gegevensbestand en/of openbaar gemaakt in enige vorm of op enige wijze, zonder voorafgaande schriftelijke toestemming van de uitgever, noch anderszins worden verspreid in een andere band of omslag dan die waarin het is gepubliceerd, zonder dat een soortgelijke voorwaarde, inclusief deze voorwaarde, aan de volgende afnemer wordt opgelegd.

HEGOUMENA THAÏSSIA
VAN LEOUCHINO

BRIEVEN AAN EEN NOVICE

VERTAALD DOOR VADER GERARD MATHIJSEN

UITGEVERIJ ORTHODOX LOGOS

INHOUD

OVER HEGOUMENA THAÏSSIA VAN LEOUCHINO 8

VOORWOORD 12

BRIEF 1 - OP DE DREMPEL VAN HET
MONASTIEKE LEVEN 13

BRIEF 2 - OVER DE OORSPRONG VAN HET MONASTIEKE
LEVEN EN OVER HET LEVEN IN GEMEENSCHAP 19

BRIEF 3 - OVER DE ONDERWERPING
AAN DE SENIOREN 29

BRIEF 4 - OVER DE GEHOORZAAMHEID 34

BRIEF 5 - OVER DE ONDERLINGE LIEFDE 42

BRIEF 6 - OVER DE PLICHTEN VAN EEN ZANGER 48

BRIEF 7 - OVER DE KLEDING EN DE LIEFDE VOOR OPSMUKZO
VERSPREID IN HET MONNIKEN-DOM VAN NU 55

BRIEF 8 - OVER BEZIGHEDEN DIE OVERBODIG ZIJN
EN NIET SAMENGAAN MET DE GEEST
VAN HET MONNIKENDOM 64

BRIEF 9 - OVER IJDELE WOORDEN EN KLETSPRAAT 71

BRIEF 10 - OVER DE BEZOEKINGEN DIE ONVERMIJDELIJK
ZIJN IN HET MONASTIEKE LEVEN, EN OVER DE VRIJE
KEUZE VOOR DE WEG VOL VERZOEKINGEN 78

BRIEF 11 - OVER DE ZIEKTES EN HUN BEHANDELING 84

BRIEF 12 - OVER HET GEBED 88

BRIEF 13 - OVER HET INWENDIG GEBED (VAN DE GEEST)
DAT GESCHIEDT IN HET VERBORGENE VAN HET HART . . 97

BRIEF 14 - OVER DE MONASTIEKE PROFESSIE
DAT WIL ZEGGEN DE PROFESSIE IN DE HEILIGE
ENGELACHTIGE ORDE 105

Hegoumena Thaïssia
(1840-1915)

Higoumène Thaïssia, *Lettres à une novice sur les principales obligations de la vie monastique*, trad. Sœur Svetlana Marchal, Éditions Synaxari, Thessalonique, Grèce, 1997.

OVER HEGOUMENA THAÏSSIA VAN LEOUCHINO

Hegoumena Thaïssia werd als Maria Solopova geboren in 1840 in de provincie van Novgorod. Haar familie was verwant aan de beroemde Russische dichter Alexander Poesjkin (1799-1837). Zij ontving haar vorming in een instituut voor jonge meisjes te Pavlosk bij Sint Petersburg. In 1859, een jaar nadat zij dit instituut verlaten had, trad zij in het klooster toegewijd aan Maria Presentatie in de stad Tikhvin (provincie Novgorod). Het monnikenklooster in die stad bezat de beroemde wonderbaarlijke ikoon O.L.Vrouw van Tikhvin. In 1864 werd zij rasofoor[1] en ontving de naam Arcadia. In 1873 werd zij overgeplaatst naar het klooster van de Bescherming van de Moeder Gods te Zverin (provincie Novgorod), en in 1877 naar dat van de Maagd van het teken te Zvanka, waar zij moniale werd onder de naam Thaïssia. In 1881 werd zij Overste benoemd van het klooster van St. Jan de Voorloper van Léouchino, en in 1885 kreeg zij er de

---

1 Rasofoor: monnik of moniale die nog geen geloften heeft afgelegd, maar die gerechtigd is het zwarte monnikskleed (rason van het griekse ρασον te dragen.

waardigheid van Hegoumena.[2] Zij bleef in dat klooster tot aan haar dood, 2 januari 1915 (feest van de heilige Seraphim van Sarov).

Hegoumena Thaïssia was een geestelijke dochter van archimandriet[3] Laurent van het klooster Onze Lieve Vrouw van de Iberiërs en vervolgens van de heilige Johannes van Kronstadt. Zij was een van de meest beroemde monialen van Rusland. Gedurende de 30 jaren dat zij Hegoumena was droeg zij bij aan de stichting en de organisatie van talrijke kloosters van Noord Rusland.

Haar *Brieven aan een novice over de voornaamste verplichtingen van het monastieke leven* verschenen in 1900 en waren zo geliefd en gewaardeerd in de kloosters dat zij verschillende malen opnieuw werden uitgegeven. Zij kunnen beschouwd worden als een fundamenteel handboek zowel voor aspiranten als voor novicen en monialen.

Naast dit werk heeft Moeder Thaïssia nog de volgende boeken in het Russisch gepubliceerd:

---

2 Higoumeen (van het griekse ηγουμενοσ), te vergelijken met abt of abdis in het Westen. De aanstelling tot higoumeen gebeurt door de bisschop in een ritus, waarbij een bijzondere zegen wordt verleend en de herdersstaf wordt overgereikt.

3 Archimandriet (van het griekse αρχιμανδριτης) was oorspronkelijk de Overste van een Laura (groot klooster), die soms andere kloosters in de omtrek onder zijn toezicht had. Later en nu kan het ook een eretitel zijn die recht geeft op bijzondere liturgische voorrechten.

- Kanon[4]
- Akathist[5] van de goddragende grijsaard Symeon
- Gesprekken met de heilige Johannes van Kronstadt
- De heilige Johannes van Kronstadt
- Begin van het Vrouwenklooster van Sura
- De monastieke Gemeenschap van Sura (gedicht over de stichting)
- Autobiografie (geschreven op verzoek van de heilige Johannes van Kronstadt
- Leven van de dwaze omwille van Christus Evdokia Rodionova (1911).

---

4 Kanon: letterlijk Regel, dichterlijke tekst die doorgaans 8 oden bevat, terwijl iedere ode bestaat uit een hirmos en verschillende troparen.

5 Akathist , Hymne die staande gezongen of gebeden wordt en die bestaat uit 12 tweedelige gezangen, voorafgegaan door een inleidend zgn. kondak.

Sint Johannes van Kronstadt (+1908)
met abdis Thaissia van Leushino (+1915).

VOORWOORD

Dit werk heeft als doel om de grondbeginselen en plichten van het monastieke leven voor te stellen aan de nieuwelingen in het klooster, die daar meestal geen flauwe notie van hebben. Er bestaan wel vele boeken over het ascetisch leven die deze grondslagen uitstekend en in bijzonderheden beschrijven, maar die kostbare boeken staan niet iedereen ter beschikking, en ook kan niet iedereen deze diepzinnige werken gemakkelijk begrijpen. Bovendien dient men deze boeken ook met onderscheidingsvermogen te gebruiken. In de veertig jaren van mijn monastieke leven, en de twintig jaren dat ik overste was, ben ik gaan begrijpen dat er behoefte bestaat aan een korter en meer eenvoudig werk, 'n soort van levend woord, met voorbeelden, ontleend aan het leven in gemeenschap, en ook aan de praktijk van een ascese die dichter bij ons eigen leven staat. Het zou een elementaire handleiding moeten zijn voor novicen die pas in het klooster zijn, onkundig van het soort leven waaraan zij beginnen. Hun enig motief is het verlangen om de Heer te dienen in afgescheidenheid van de wereld. Daarom heb ik het besluit genomen in deze *brieven aan een novice* aan de nieuwelingen kort maar helder hun voornaamste verplichtingen uiteen te zetten, als gids bij hun eerste stappen in het monastieke leven.

BRIEF 1
OP DE DREMPEL
VAN HET MONASTIEKE LEVEN

Velen zijn geroepen, maar weinigen zijn uitverkozen.
(Mt. 22, 14)

«Eindelijk, schrijf je, heeft de Heer mij getroost: mijn ouders hebben mij hun zegen geschonken om naar het klooster te gaan[6]. Ik ben verheugd en dank God die mijn stil verlangen heeft verhoord.» Inderdaad, dat is een reden tot vreugde. Ik neem er deel aan en dank God samen met jou: *die uw verlangens overstelpt met zijn gaven (Ps. 102, 5 Sept.) Velen zijn geroepen, maar weinigen zijn uitverkozen. (Mt. 22, 14)*, zegt de Heer. *Gelukzalig die de Heer verkiest, die Hij noodt in zijn hoven te wonen (Ps 65, 5)* - verkozen uit het midden van de mensen en geroepen tot zijn uitsluitende dienst.

Een door God met wijsheid begiftigde vader zegt: «Nadat God de mens had geschapen, plaatste Hij hem in het paradijs. Alle schepselen van de aarde onderwierp

---

[6] in Rusland was het de gewoonte slechts met de zegen van de ouders in te treden in een klooster.

Hij aan hem, en Hij stelde hem aan tot koning van zijn zichtbare wereld. God heeft de monniken onttrokken aan de wereld en hen voor zijn Aangezicht geplaatst in zijn uitsluitende dienst»[7]. Hij heeft hen uitverkozen, zonder enige verdiensten van hun kant, enkel wegens zijn grote barmhartigheid en zijn onnaspeurlijke wijsheid, terwijl Hij voor ieder de heilsweg heeft bepaald en aangegeven langs welke hij het best in staat is om vorderingen te maken. *"De Heer kent de zijnen (2 Tim. 2, 19),* schrijft de apostel, en de Heer zegt: *"Ik weet wie Ik heb uitgekozen" (Joh. 13, 18).* Maar laat nooit de gedachte van ijdele glorie in de geest komen, als zou je iets groots hebben gedaan door de wereld te verlaten om in een klooster te gaan! Herinner je dit woord van de Heer: *"Niet gij hebt Mij uitgekozen, maar Ik u" (Joh. 15, 16).* Wat voor goeds kunnen wij arme zondaars, die iedere soort van ongerechtigheid hebben bedreven, uit eigen kracht volbrengen? Wij zijn niet uit onszelf tot iets bekwaam, zegt de apostel (2 Kor. 3, 5), niet tot het doen van een goede daad, en zelfs niet tot het richting geven aan ons leven. Als wij Gods grote barmhartigheid ervaren, laten wij Hem dan danken en met een verbrijzeld hart aanroepen: *"Niet naar onze schulden behandelt Hij ons, niet naar onze zonden maakt Hij het met ons. Barmhartig de Heer en genadig, lankmoedig, rijk aan ontferming" (ps. 103, 10.8).* Breng Hem niet alleen dank met je woorden, maar probeer je dankbaarheid te tonen door goede werken! Span je in om met je hele leven blijk te geven van je totale kinderlijke onderwerping en je gehoorzaamheid aan zijn heilige

---

[7] De Hl. Theodoros de Studiet, Catechesen.

wil. Als je dat niet doet zul je zijn als de ongehoorzame zoon waarover het Evangelie spreekt: hij antwoordde bevestigend op de oproep van zijn vader om te gaan werken in diens wijngaard, maar hij ging er niet naartoe (Mt. 21, 28.30). Zo volbracht hij niet de wil van degene die hem had geroepen. Moge de Heer je sterken om goed te beginnen, en je kracht geven in de moeilijke strijd die je wacht, om te weerstaan aan de bekoringen van het vlees, van de wereld, en van de duivel, vooral om met die laatste te vechten, want, zo zegt de apostel: *"hij zwerft rond als een brullende leeuw, op zoek naar een prooi om te verslinden (1 Petr. 5, 8).* Om zijn doel des te zekerder te bereiken gebruikt hij alle [of: plaats hij voor ons allerlei strikken] mogelijke strikken. Eerst gaat hij op zoek naar iemands zwakke plek, en dan gebruikt hij alle kuiperijen en bekoringen om hem door middel van die hartstocht in zijn netten te vangen, zoals een spin de onervaren insecten vangt in haar net.

Moge de Heer de ogen van je verstand openen om de strikken van de vijand te bemerken, en je wijsheid te verlenen. Overigens ben ik van mening dat het te vroeg is om hierover in bijzonderheden te spreken. Je bent een beginnelinge, nauwelijks besloten de weg op te gaan van een godgevallig leven, en je kijkt om je heen: alles komt je nieuw voor, onbekend, ook de gemeenschap waarvan je lid geworden bent.

Om te beginnen wil ik je heel eenvoudig een woord zeggen, dat evenwel zo belangrijk is dat heel je toekomstig welslagen evenals de vrede van je ziel, en deze vormt nu juist de grondvoorwaarde voor je heil, afhangt van de manier waarop je dit woord volbrengt. Het luidt: span je in elk van je zusters te beminnen. Het is gemakkelijk dit gebod in praktijk te brengen: het is eigen aan onze natuur om te beminnen. Bovendien is het zo zoet en aangenaam dat dit het hart van wie zijn naaste liefheeft vervult van een wonderbaarlijke vrede. *"Gij zult uw naaste beminnen als uzelf" (Mt. 19, 19)* zegt het Evangelie. De omstandigheden van het leven die je in de gelegenheid stellen dit gebod te beoefenen, zullen je ook in staat stellen je hart te oefenen in de liefde, en alle deugden die deze bevat: de nederigheid, de bereidheid tot het vergeven van fouten, van beledigingen, en de bereidheid tot het verlenen van iedere vorm van dienst aan de naaste, ook als dit zelfverloochening vraagt. Als je je naaste beschouwt als iemand die je nastaat (en niet als een vreemde), als je broeder, vrijgekocht door het kostbaar Bloed van de Godmens en door Hem aangenomen door de hemelse Vader, dan zul je, als tenminste een klein vonkje van liefde voor de Heer brandt in je hart, ook je zusters beminnen. Want: *"Wie God liefheeft moet ook zijn broeder liefhebben"(1 Joh. 4, 21).*Als je vaker denkt aan de woorden van de Heer: *"Wat gij gedaan hebt voor een dezer geringsten van mijn broeders hebt gij voor Mij gedaan" (Mt.25, 25)* zul je niets met tegenzin voor je zusters doen, of het nu gaat om stoffelijke aalmoezen of om geestelijke hulp. Als je aandacht schenkt aan je eigen fouten en zonden, zul je geen kwaad spreken, of zelfs maar denken, over wie dan ook, want als je let op je eigen zonden zul je de fouten van een ander zelfs niet zien. En mocht het toch gebeuren dat je een van je zusters een overtreding ziet begaan, bedenk dan dat zij er spijt van kan krijgen, zich kan bekeren en haar overtreding uitwissen, want *"de Heer is bij machte haar op te richten" (Rom. 14, 4).* Maar jij, die bezig bent te oordelen, je kunt ieder ogenblik in een grotere fout vervallen dan zij, en je weet niet of de tijd om je te beteren en je zonde uit te wissen je zal worden gegeven.

Hoed je er dus voor 'n ander te oordelen, wees dienstbaar voor elk van je zusters, beschouw jezelf als de slechtste van allemaal, bewaar in je hart de liefde voor ieder, en geef er uiting aan in je daden. Je zult dan in vrede zijn, en het zal je tot heil strekken.

Dat is dus mijn allereerste raad nu ik je, om zo te zeggen, ontvang aan de drempel van het klooster. Begin met de liefde. De liefde is belangrijker dan alle uiterlijke ascetische heldendaden, verhevener dan "brand- en zondoffers" (Ps. 40, 7). De apostel Paulus somt alle vormen op van godgevallige strijd voor het geloof en de vroomheid, alle hoogste christelijke deugden, inbegrepen het martelaarschap om het geloof in Christus, en besluit dat al die gevechten geen enkel gewin brengen en niets zijn als ze niet worden volbracht met liefde. *"Als ik de liefde niet heb, baat het mij niets, ben ik niets" (1 Cor. 13, 3.2)*. Vergeet deze heilige waarheid niet. Als je haar niet onderhoudt zal het je niet mogelijk zijn gered te worden, en heel je monastieke ascese zal leiden tot niets.

De hoofdkerk van het Leushino klooster,
gebouwd tijdens het bestuur van abdis Thaissia.

BRIEF 2
OVER DE OORSPRONG VAN HET MONASTIEKE LEVEN EN OVER HET LEVEN IN GEMEENSCHAP

"In de hand van de Heer ligt de macht over de aarde, en te juister tijd stelt Hij over haar de geschikte man aan." (Sir. 10, 4)

Alvorens de verschillende vraagstukken met betrekking tot het monastieke leven te beschouwen, lieve zuster, heb ik besloten je een kort overzicht te bieden over de oorsprong en de verschillende vormen van monnikendom, en ook over het monastieke leven in gemeenschap met zijn regels en beginselen. Ik ga geen eigen ideeën en inzichten weergeven, maar het getuigenis van de heilige vaders en kerkleraren, uitstekend uiteengezet in het boek *De geschiedenis van het Oosters monnikendom*[8].

Allen zijn het erover eens dat het monnikendom dateert uit de tijd van de apostelen, en zelfs eerder, uit de tijd van Jezus Christus. De Heilige Basilius de Grote zegt dat het monastieke leven in gemeenschap zijn ware

---
8 P.S. Kazansky, Moscou 1854-1857 (Russisch).

voorbeeld ontleent aan de levenswijze van Jezus Christus met zijn apostelen. «Jezus Christus vormde binnen de schare van zijn leerlingen, die Hij om zich heen verzameld had, een levensgemeenschap. Zo volgen de monniken, die samenleven in een gemeenschap onder de leiding van een Overste, getrouw dit leven van de apostelen et hun Heer na, als zij de beginselen met wijsheid en heiligheid in acht nemen.»

De verkondiging van de apostelen, die het christelijk geloof over de wereld zou verspreiden, veroorzaakte een uitbarsting van ascetisme onder de gelovigen. De H. Johannes Chrysostomos (+470) zegt: "Het hemels vuur, door de Godmens op aarde gebracht - *«Ik ben een vuur komen brengen op aarde, en hoe verlang Ik dat het reeds oplaait» (Lc. 12, 49)* - is ontvlamd in de harten der gelovigen. Het ontstak in hen nieuw leven, en maakte hun geest levend die was verstikt door de zinnelijkheid. Zo bracht een bevrijd denken, als door vleugels gedragen, de noodzaak en de kracht om zich te verheffen van de dingen van de aarde tot de dingen van de hemel. Het vuur van dit vonkje werd zo sterk, dat het de behoefte deed voelen om bevrijd te worden van de strikken van het werelds leven die de ziel belemmeren, en om zich te wijden aan de eenzaamheid om aandacht te schenken aan het *enig noodzakelijke (Lc. 10, 42)*.

In een gesprek met Johannes Cassianus bevestigt abt Piamum eveneens dat *"Het cenobietenleven zijn oorsprong vindt in de prediking van de apostelen" (Cassianus, Gesprekken, 18, 5, 1).* De kerkhistoricus (sic!) Philo schrijft hierover: «*Vanaf het begin van de apostolische prediking onderscheiden sommige christenen zich door een bijzondere liefde voor de wijsheid, dat wil zeggen, een streven naar de meest verheven geestelijke strijd en de beschouwing, die de echte kenmerken zijn van het monastieke leven, en waaraan een eenvoudig christelijk leven, te midden van het lawaai en de ijdelheid van de wereld, niet kan voldoen».*

Om hun verheven doel te bereiken verlieten deze emigranten uit de pas gekerstende wereld huis, ouders, familie en vrienden, en trokken zich terug in wouden en woestijnen, om zich te onttrekken aan de ogen van de wereld en vrij te zijn om enkel voor God te ijveren in de eenzaamheid en de stilte. In hen gingen de woorden van de psalmist in vervulling: *"Ik vluchtte ver weg en verbleef in de woestijn. Ik verwachtte God, die mij redt"* (vergl. Ps. 54, 8 (= 55, 8)). De meest strenge vorm van monastiek leven, het kluizenaarsleven (d.w.z. de vlucht uit de wereld) schoot hier wortel. Sommigen van deze asceten leefden volkomen alleen zonder iemand te ontvangen, zonder met iemand te spreken, en terwijl ze zichzelf zelfs verborgen, zoals bijvoorbeeld de heilige Marcos van Athene[9]: hij leefde meer dan 90 jaar in volkomen eenzaamheid zonder enig menselijk wezen te ontmoeten. Heel wat anderen worden vermeld in de Levens der heiligen[10] en de Proloog[11]. En er zijn er nog veel meer,

---

9 De H. Marcos van Athene, ook Marcos van Thracië genoemd, woonde 95 jaar in een grot op de berg Tarmaqua. De Griekse Kerk viert hem op 5 maart, de Russische 5 april.

10 Hier wordt gedoeld op de Levens der heiligen, geschreven door de H. Dimitri, bisschop van Rostov (1651-1709).

11 Liturgisch boek met korte levens der heiligen.

van wie wij de namen niet kennen, en die alleen gekend worden door Hem die aller harten doorgrondt.

Een andere vorm van eremitisch leven begon toen asceten zich gingen vestigen in afzonderlijke cellen, of liever in natuurlijke grotten, of in holten die zij met eigen hand hadden gemaakt. Zij richtten die in op korte afstand van elkaar, om zo het voordeel te hebben van broederlijke bijstand in geval van nood, om elkaar te kunnen bezoeken voor geestelijke troost, en elkaar over en weer te helpen met goede raad. Dat stonden zij zich zelf alleen op feestdagen toe, als zij in de kerk samenkwamen om deel te nemen aan de heilige Mysteriën[12] en om geestelijk vooruitgang te maken. Dit is meestal de verklaring voor de nabijheid van hun behuizingen: iemand die verlangde de wereld te verlaten en zich in de woestijn te vestigen koos niet alleen een geschikte plaats, maar ook 'n ervaren asceet, in staat om hem te onderrichten en te leiden in het leven in eenzaamheid. Hoewel zo'n aanslag op hun eenzaamheid hen bedroefde, wezen de kluizenaars uit naam van de christelijke liefde de nieuwkomer niet af. Zij gaven hem onderricht in de grondbeginselen van het ascetisch leven, minder in woorden, dan wel door hun stilte en hun leven. Als zij hem ertoe in staat achtten, stonden zij hem toe zich in de woestijn te vestigen, en gaven zij hem een cel of een grot. Zij hielden een oogje op het leven van de nieuwkomer tot deze 'n zekere graad van volmaaktheid had bereikt. Zo werden streken, die tot dusver onbekend waren geweest aan de mensen, en enkel

---

12   Zo noemt men in de Orthodoxe Kerk het Lichaam en Bloed van de Heer.

bewoond door wilde dieren, nu gevuld met woningen en grotten van kluizenaars. Naar het woord van de apostel: *"Ze dwaalden in woestijnen en op de bergen, ze verborgen zich in spelonken en holen in de grond, ten prooi aan ontbering, vervolging, mishandeling. Zij waren te goed voor deze wereld." (vergl. Hebr. 11, 37-38).* De woestijn kreeg het aanzien van een door God geplant paradijs, als een bloem van ascetisme met heerlijke geur.

En niet enkel mannen, ook vrouwen hebben een strenge ascese beoefend! Zij leverden het bewijs van een buitengewone zelfverloochening en werden verheven genadegaven waardig gekeurd. Het goddelijk Vuur, dat door onze Verlosser op aarde werd gebracht, vlamde op in het hart van deze zwakke schepsels en bracht er een grote liefdesvlam, die voor hen alle aardse en tijdelijke zaken verteerde. De H. Johannes Chrysostomos zegt hiervan: «*Toen het christendom begon, verscheen in Egypte een wonderbaarlijk leger van Christus, dat een leven leidde zoals alleen de hemelse legermachten eigen is. Dit werd niet enkel door mannen volbracht, maar ook door vrouwen die het contemplatieve leven leidden precies zoals de mannen. Evenals de grote asceten voerden zij strijd tegen de duivel en de machten van de duisternis, en hun lichamelijke zwakte was geenszins een belemmering. Ook al beschikten zij niet over buitengewone kracht, zij waren begiftigd met een heel levendige ontvankelijkheid en gevoeligheid.*» Ontvlamd door de liefde voor de Heer, bezaten zij de vastbeslotenheid en de wil om iedere ontbering en beproeving te doorstaan uit liefde voor de zoete Jezus. De levende gevoeligheid en de vurige liefde die hen bezielde, gaf hen de kracht en de moed om voort te gaan op de weg van 'n even harde en gestrenge ascese als die van de mannelijke asceten. *In Jezus Christus is er geen man of vrouw, want allen zijt gij één (vergl. Gal. 3, 28).*

De Egyptische woestijn was een kweekschool van zowel mannelijk als vrouwelijk monnikendom. De H. Paulus van Pherme zei tegen abt Makarios dat hij een recluse[13] kende, die gedurende vijfendertig jaar een grot bewoonde, en uitsluitend op zaterdag en zondag voedsel gebruikte. Te Alexandrië en omgeving woonden tal van maagden, sommigen in gemeenschap, anderen alleen in kluizen of grotten, nog anderen als reclusen in grafsteden, waar zij tot hun dood verbleven, en hun voedsel ontvingen door een klein raampje of een opening. Van hen willen wij de H. Alexandra[14] noemen, van wie de beroemde historicus Didymos zegt dat zij meer dan tien jaar in een graf leefde, om zich voor te bereiden op haar dood, die haar in een visioen was voorzegd. Palladius[15], bisschop van Helenopolis, zegt dat de H. Athanasios de Grote zich gedurende de Ariaanse vervolging zes jaar schuil hield bij een maagd die hem boeken en al het noodzakelijke verschafte. Dezelfde Palladius maakt melding van een andere kluizenaar die gedurende zestig jaar in volkomen afzondering leefde. Voor zijn

---

13 Recluse: die een leven in volkomen afgeslotenheid leidt, zonder ooit de cel te verlaten (noot van de vertaler).

14 De H. Alexandra (+376) leefde 12 jaar als recluse in een grot in de omgeving van Alexandrië. Haar feestdag wordt gevierd op 3 maart.

15 Bisschop van Helenopolis in Bythinie, schrijver van de Historia Lausiaca (420) die de geschiedenis verhaalt van de monniken in Nytrië.

dood verscheen hem de heilige martelaar Acolouthos[16] verscheen hem en voorzegde hem het uur van zijn verscheiden en een gezegend einde. Toen de H. Antonius de Grote zich wilde terugtrekken in de eenzaamheid, om zich voorgoed van alle aardse zorg te bevrijden, vertrouwde hij zijn jonge zus toe aan de zorgen van «maagden die op zichzelf leefden, en verloofd waren met Christus». Het is dus duidelijk dat het kluizenaarsleven van vrouwen reeds bestond toen de H. Antonius begon met zijn leven in afzondering. In het leven van de heilige Isidoros de gastvrije staat dat zijn zusters leefden in een cenobitisch klooster van zeventig maagden.

Koninginnen en prinsessen verlieten hun luxueuze paleizen en ontelbare rijkdommen, en gaven de voorkeur aan de barre woestijn en de vrijwillige armoede. Zo iemand was Apollinaria[17], de dochter van de keizer van Rome, Eugenia[18], Eupraxia[19], Olympiada[20], Xenia[21], en nog

---

16   De H. Acolouthos de Egyptenaar (284-303); feestdag 19 mei.
17   De H. Apollinaria leefde omstreeks 470 als ascete in de Scetische woestijn, en gaf zich uit voor een eunuch. Zij wordt gevierd op 4 januari.
18   De H. Eugenia was een telg uit een adellijke Romeinse familie (2e eeuw). Zij gaf zich uit voor een man en beoefende de ascese in een mannenklooster. Zij stierf te Rome de marteldood en wordt herdacht op 25 december.
19   De H. Eupraxia stamde uit een adellijke familie van Constantinopel (380), en leefde als moniale in Egypte. Feestdag 25 juli.
20   De H. Olympiada (395), diacones, wordt gevierd op 25 juli.
21   De H. Xenia stamde uit een adellijke christelijke familie

een menigte andere maagden met liefde voor de wijsheid, van wie de namen alleen bekend zijn aan Hem die alles weet, en uit liefde voor wie zij de ascese hebben beoefend.

Wij zien dus dat bij de aanvang van het christendom het vrouwelijk monachisme, zowel in zijn kluizenaarsvorm als in het gemeenschapsleven, ontstond in dezelfde tijd als het mannelijk monnikendom en, naar de uitdrukking van de h. Johannes Chrysostomos « de bloem, het sieraad, de glorie en de kroon van de christelijke volmaaktheid vormde». Het ontstond niet ten gevolge van uiterlijke oorzaken of als resultaat van vernieuwingen, maar als een ontspruiten van de hoogste uitingen van de menselijke geest, gedragen op de vleugels van het christendom. Daarom is dit verschijnsel niet afhankelijk van tijd, plaats of sociale rang. Want de geest is vrij in zijn streven, zijn enige begrenzing is de eigen wil.

Het kluizenaars- en het cenobietenleven ontvingen hun eerste inrichting, dat wil zeggen hun regels en hun structuur, in de derde eeuw. Tevoren was de Kerk bijna voortdurend onderhevig aan de vervolging door de heidense heersers. De christenen verborgen zich om zich te onttrekken aan hun vervolgers, en het was zelfs onmogelijk maar te denken aan het inrichten van een gemeenschap. Maar: «*in de hand van de Heer ligt de macht over de aarde en te juister tijd stelt Hij de geschikte man aan*»*(Sir. 10,4)*. In de derde eeuw wekte de Heer de

---

te Rome (5e eeuw). Zij ontvluchtte haar familie en ging via Alexandrië naar het eiland Kos, waar zij een klooster stichtte. Zij wordt herdacht op 25 januari. [Zij nam eerst eenboot naar Alexandrië omhaar sporenuit te wissen.]

grote pijlers van het monnikendom: de heilige Antonius de Grote, die het kluizenaarsleven stichtte en inrichtte, en de heilige Pachomius de Grote, de wetgever van het cenobitisme dat zich tot in onze tijd heeft voortgezet. Over deze laatste zegt de heilige Antonius: *«door zulk een grote menigte broeders bijeen te brengen heeft de h. Pachomius een onmetelijke dienst verricht. Want toen ik monnik werd bestond er geen enkel coenobium om beginnende monniken op te leiden; ieder leefde volgens zijn eigen inzicht, en beoefende de ascese zonder leidsman»*[22].

God zelf gaf Pachomius opdracht om het cenobietenleven in te richten. Op een keer bevond de heilige zich ver van huis, en kwam hij in Tabennesi, een plek aan de oever van de Nijl, waar hij rust hield om er te bidden. Terwijl hij bad, hoorde hij een stem die hem zei: «vestig je hier en bouw een klooster. Je zult veel monniken rond je verzamelen». Tezelfdertijd verscheen hem een engel die hem een bronzen plaat overreikte waarin de regels van het monastieke leven waren gegraveerd, die in zwang zijn geraakt met als naam «de Regel». Sinds de tijd van Pachomius is deze Regel gebruikt in alle monastieke communiteiten waarvan hij overste en geestelijk vader was. Vervolgens ging deze als een erfenis over op de communiteiten die later werden gesticht. Mettertijd werd hij licht gewijzigd om hem aan te passen aan de tijd en aan de zwakheid van het monachisme, maar de fundamentele normen en principes zijn onveranderd

---

22 (Sancti Pachomii Vitae Graecae, éd. Halkin, Subsidia Hagiographica 19, Bruxelles 1932, c. 120).

gebleven tot aan onze dagen, tot aan de tijd van ons zwakke en arme monachisme!

Beste zuster, ik heb het glorieuze begin en de geestelijke ontwikkeling van het monachisme in het kort voor je uiteengezet, maar dit volstaat om er een begrip van te hebben. Ik heb ook herinnerd aan het handelen van de goddelijke Voorzienigheid, die duidelijk aan het licht kwam, omdat God zelf door middel van zijn engel een «Regel» heeft geschreven, een samenvatting van de grondbeginselen van het monastieke leven. Welk een rekenschap zullen wij, nalatige monniken en monialen die wij zijn, moeten geven dat wij, bekleed met zo´n verantwoordelijkheid, het heilig monastiek habijt hebben aangetrokken, zonder ons de geest ervan te hebben eigen gemaakt.

Nu dan, kijk op welke weg je jezelf bevindt en hoe je zou moeten handelen. Leef het monastieke leven met onderscheiding. Ik wil besluiten met de woorden van de apostel: *"Ik vraag u met aandrang: leidt een leven dat beantwoordt aan de roeping die gij van God ontvangen hebt,in alle deemoed en zachtheid, in lankmoedigheid, liefdevol elkaar verdragend. Beijvert u de eenheid des Geestes te behouden door de band van de vrede. in een en dezelfde hoop waarvoor Gods roeping borg staat" (Ef.4, 1-4).*

BRIEF 3
OVER DE ONDERWERPING AAN DE SENIOREN[23]

Gehoorzaamt uw leiders en voegt u naar hen; zij zijn
dag en nacht in de weer voor uw heil. (Hebr. 13, 17)

Daar is al een bekoring! Daar is al verwarring! Ik had niet verwacht wat je mij in je brief schreef. Werkelijk, zou iemand zich kunnen voorstellen dat een jonge novice, een beginneling, zich veroorlooft om te oordelen en haar mening te geven over de manieren en het karakter van de Senioren die al vele jaren de ascese hebben beoefend en zich een zekere ervaring van het monastieke leven en de geestelijke voortgang hebben eigen gemaakt? *Wie heeft u tot rechter over ons aangesteld?* (Ex. 2, 14) Als het

---

23 Seniore (van het Russische *starets* of *staritsa* is de naam van een monnik of moniale die ervaren is in de geestelijke strijd en in enige mate het charisma van onderscheid van de geesten heeft ontvangen, en daardoor in staat is om iemand in te leiden in het monastieke leven. In de orthodoxe kloosters wordt de nieuweling toevertrouwd aan de leiding van zo'n oudere aan wie gehoorzaamheid is verschuldigd.

al een heel ernstige zonde is om 'n naaste van gelijke leeftijd of jonger dan jezelf te veroordelen, is het dan niet helemaal verschrikkelijk om ouderen te veroordelen en kwaad van hen te spreken, en nog erger wanneer het mensen betreft aan wie je ziel is toevertrouwd om je te leiden op de weg ten heil? Zij hebben op zich genomen rekenschap te geven voor je ziel niet enkel tegenover je oversten hier op aarde, maar ook tegenover God Zelf! Zuster, je zou je moeten schamen! Waarover klaag je? Wat is voor jou belangrijk? Je schreef: "De seniore, aan wie moeder Hegoumena mij heeft toevertrouwd is erg precies en streng, het is voor mij moeilijk haar tevreden te stellen." *Met je eigen woorden zal ik je veroordelen* (Lc. 19, 22) en omdat je klachten meervoudig zijn zal ik op elk onderdeel apart ingaan. Je Overste, moeder Hegoumena heeft je aan deze seniore toevertrouwd. Ongetwijfeld is zij goed op de hoogte van het karakter en de levenswijze van alle zusters die onder haar gehoorzaamheid leven, zeker van de seniores. Zij weet hoe zij in de loop der jaren in het klooster hebben geleefd. Ook jouw karakter en de gesteltenis van je ziel is haar bekend. Als zij jou juist aan deze seniore heeft toevertrouwd en niet aan een ander, is dat zeker niet zonder reden gebeurd, en ook niet zonder aandacht voor alle aspecten van de kwestie, noch, wat meer is, zonder de inspiratie van God. Want de harten der oversten worden door God geleid. Zoals de apostel zegt: *Er is geen gezag dat niet door God is ingesteld.* (Rom. 13, 1c). Je behoort daarom elke beschikking en beslissing van je overste aan te nemen als van Gods hand, en je de woorden van de Schrift te herinneren: *wie zich verzet tegen het gezag verzet zich tegen Gods verordening, en wie dit doen roepen een vonnis over zich af* (Rom. 13, 2). Onderwerp je met een volledig geloof en een oprechte liefde aan je seniore. Verwerp iedere bijbedoeling, die de ondergang is van de ziel van een nocice die het monastieke leven omhelst. Vermijd vooral de daden en de persoonlijke kwaliteiten van je seniore te beoordelen en te onderzoeken! Wat maakt het voor je uit! Je onderwerpt je aan haar in naam van God. Jij moet haar volmaakt gehoorzamen, zij jou niet! Heb geen medelijden met jezelf. Zelfbeklag en zelfrechtvaardiging zijn belemmeringen voor een monnik die zijn heil wil bewerken en zij laten hem struikelen op zijn weg. Ik herhaal het: geef je zonder reserve over aan de wil van je leidslieden, als klei aan de pottenbakker, als ijzer aan de smid. Laat hen (volgens de uitdrukking van Johannes Climacus, de schrijver van de Hemelladder) je trotse en onbeteugelde wil verbrijzelen en vormen in de smidse van de gehoorzaamheid, tot hij gesmolten is in de zachte was van de gehoorzaamheid. Dan kun je naar waarheid de woorden van de Psalmist herhalen: *De Heer die in onze vernedering ons aanzag* (ps. 136, 23) en *mijn verdrukking werd mij tot zegen, uw verbondseisen heb ik begrepen* (ps. 119, 71). Je ziet dat de voorschriften van de Heer, dat wil zeggen de dingen die Hem behagen, niet worden geleerd zonder nederigheid en vrijwillige vernedering. Tien maagden verwachtten te middernacht de komst van de hemelse Bruidegom, maar niet meer dan vijf werden ontvangen in zijn paleis. Wat de anderen betreft, die geen olie droegen in hun lampen, ze kregen niet alleen tot hun schande en verdriet geen toegang, maar hoorden bovendien die vreselijke woorden van de Bruidegom: *Voorwaar, Ik zeg u, Ik ken u niet* (Mt. 25, 12). Pas op, dat het ook jou niet ontbreekt aan olie, bij gebrek aan nederigheid en gehoorzaamheid zonder welke de lamp van je geloof en je vermeende ijver zal doven. Je streeft een hoge eer na: om bruid te worden van Christus, en waardig gekeurd om eeuwig met Hem te heersen, maar je denkt dit te kunnen bereiken zonder met moeite en pijn te hoeven verzaken aan je zelf. Vergeet niet dat goede werken enkel door moeitevolle toeleg tot stand worden gebracht. Is het echt zo moeilijk ons te onderwerpen aan de wil van wie ons de weg ten leven wijzen, terwijl wij dringend hebben gevraagd ons onder hun leiding te aanvaarden, en om voort te gaan op die weg waarnaar wij zelf hebben verlangd? Door je ongehoorzaamheid en je eigen wil maak je de taak van je leidsvrouwen lastig, die ook zonder jouw ondeugden moeilijk is, en je bezorgt hen moeite en zuchten. Luister wat de apostel hierover zegt: *Gehoorzaamt uw leiders en voegt u naar hen; zij zijn dag en nacht in de weer voor uw heil, want zij zijn zich bewust van hun verantwoordelijkheid. Zorgt ervoor dat zij hun taak met voldoening kunnen vervullen. Als zij steeds moeten zuchten en klagen, zou dat voor u niet voordelig zijn* (Hebr. 13, 17).

In mijn volgende brief wil ik mijn best doen om de leer van de heilige monniken over de gehoorzaamheid en het novitiaat meer in detail voor je uiteen te zetten, en met de hulp van voorbeelden uit het leven van de asceten zal ik proberen de grootheid van de gehoorzaamheid te bewijzen, die de eerste en meest belangrijke voorwaarde is voor een geslaagd monastiek leven. De gehoorzaamheid is het fundament en de basis van het monnikendom dat juist helemaal gebouwd is op de gehoorzaamheid. Hoe je je ook uitsloof en wat je ook aan ascese onderneemt, als je dit volbrengt volgens je eigen wil en naar je persoonlijk inzicht, en niet met de zegen van je leidslieden, dat wil zeggen, niet onder gehoorzaamheid, dan is dat alles vrucht van je eigenzinnigheid en kan het niet aangenaam zijn aan God.

Beschouw je celoudste (seniore) en jullie Moeder Hegoumena als je voorspreeksters bij God: zij hebben heel hun leven toegewijd aan jouw heil en zijn voor jou verantwoordelijk. Niets is voor hen zo pijnlijk dan jullie ongehoorzaamheid en onverschilligheid. En andersom, er is voor hen geen grotere vreugde dan jullie voortgang te zien maken in vroomheid en heiligheid. Zoals de apostel zegt: *Ik ken geen grotere vreugde dan te horen dat mijn kinderen in de waarheid leven* (3 Joh. 4).

BRIEF 4
OVER DE GEHOORZAAMHEID

Niet om mijn wil te doen, maar de wil van Hem die mij heeft gezonden. (Joh. 6, 38)

Wat is gehoorzaamheid? In de gebruikelijke zin van het woord is gehoorzaamheid de onderwerping van de wil aan een ander. Het gebod van de gehoorzaamheid is het allereerste, het oudste van de geboden, want in het paradijs, ten tijde van hun oorspronkelijke staat van onschuld, ontvingen onze eerste ouders al het gebod om te gehoorzamen, en niet de vrucht te eten van een bepaalde boom, terwijl overtreding van dat gebod hen tot de dood zou leiden!

In het monastieke leven heeft het woord gehoorzaamheid zowel een nauwe als een zeer ruime betekenis. Het omvat niet slechts de gewone zin van het vervullen van de geboden, maar ook de hoogste monastieke deugd, die bestaat in het onvoorwaardelijk verzaken aan z'n eigen «ik», ofwel in de zelfverloochening en de volledige onderwerping van zijn wil aan die van de gids.

De wil, of ook de vrijheid, is een kostbaar geschenk, door God Zelf toegekend aan ieder mens. Wie het monastieke leven omhelzen plaatsen juist die veelgeliefde vrijheid onherroepelijk ten offer op het altaar, om hem als vrijwillig offer aan te bieden aan de Heer. O, hoeveel droefheid, hoeveel strijd kost dit offer soms aan de waarlijk gehoorzame novice[24]! Wie meerdere jaren heeft doorgebracht in volledige onthechting aan de eigen wil, in de onvoorwaardelijke onderwerping van zijn wil aan die van een ander, weet dat heel goed! Maar zo iemand heeft ook geproefd en ervaren *hoe zoet het juk van de Heer is, en hoe licht diens last* (vergl. Mt. 11, 30). «Niet enkel wie sterven voor hun geloof in Christus verdienen de naam van martelaar, roept Isaac de Syriër uit, maar ook zij die sterven om zijn geboden te bewaren[25]». De ware novice is gestorven aan zijn eigen wil, aan zijn verlangens, aan zijn inzicht, dat wil zeggen aan iedere beredenerende bijgedachte over wat hem is opgedragen. Met vertrouwen mag hij de woorden van de apostel in de mond nemen: *Ikzelf leef niet meer, Christus is het die leeft in mij (Gal. 2, 20), Hij die gehoorzaam werd tot de dood (vergl. Fil. 2, 8). Ik zoek niet mijn eigen wil, maar de wil van Hem die Mij zond (Joh. 5, 30)*, heeft Jezus gezegd. En op het cruciale moment, voor zijn heilig lijden op het Kruis toen *"Hij zich ter aarde wierp" (Mt. 26, 39)* om te bidden tot zijn hemelse Vader, terwijl *"zijn zweet tot dikke druppels bloed werd, die op de grond neervielen" (Lk. 22, 44)*, riep Hij uit, als Zoon die zijn Vader gehoorzaamt: *"Niet zoals*

---

24 In het Russisch betekent het woord *novice* (poslouchnik) degene die gehoorzaamt. [Poslouchanije - gehoorzaamheid - is ook de taak die een monnik gehoorzaam uitvoert.]

25 Isaac de Syriër, 44e toespraak.

[het beeld "plat" ter aarde doet Westers aan. Orthodoxen buigen met gebogen knieën - de moslims hebben dit overgenomen.]

Ik wil, maar zoals Gij wilt" (Mt. 26, 39); "niet mijn wil, maar uw wil geschiede" (Lc. 22, 42). Johannes Climacus wendt zich tot echte novicen waar hij zegt: «Jullie leven onder gehoorzaamheid, jullie zijn novicen die Christus navolgt. Weet dat de weg die jullie hebt gekozen de meest korte en zekere weg is die naar het hemels koninkrijk leidt. Jullie steekt de zee (van het leven) droogvoets over, want jullie zwemt niet met je eigen ledematen, maar ondersteund door de handen van hen die je leiden! Jullie verkopen jezelf als slaven, en door die slavernij win je de eeuwige vrijheid.» En verderop verheerlijkt hij de deugd van de gehoorzaamheid, en voegt hij hieraan toe: «De gehoorzaamheid is een absolute verzaking aan iemands eigen leven, in zee gaan zonder gevaar, reizen terwijl men slaapt, het vrijmaken van de vrees voor de dood, het graf van de eigenwil, een vrijwillig sterven, de verzekering van de verrijzenis.»[26] «Weest dood tijdens uw leven om levend te zijn na uw dood» roept een andere van God vervulde vader uit»[27] En in het leven van Acacius de gehoorzame kunnen we zien hoe die woorden letterlijk werkelijkheid worden! Want die waarachtige leerling gehoorzaamde aan de stem van zijn Senior en antwoordde hem, zelfs vanuit het graf! De Senior van Acacius was wreed en hard. Hij behandelde hem niet alleen streng, maar hij beledigde hem, en sloeg hem dikwijls zonder enige reden. Maar Acacius verdroeg dat alles als een waarachtige leerling zonder gemopper, en hij bewaarde jegens zijn Senior, in oprechte nederigheid

---

26 Johannes Climacus, De hemelladder.
27 Isaac de Syriër, 44e toespraak.

de liefde en een volkomen eerbied. Acacius stierf, en degenen die zijn dood vernamen kwamen de Senior een bezoek brengen om te delen in zijn droefheid dat hij een zo nederige en zo gehoorzame zoon had verloren. Toen zei de senior tot hen: «Acacius is niet dood, maar levend!» En om zijn woorden te bevestigen bracht hij hen naar het graf van Acacius en ondervroeg de dode, alsof deze leefde: «Acacius, leef je? - Ik leef, vader, antwoordde die echte gehoorzame, want de gehoorzaamheid sterft niet.»[28]

Zie de grootheid van de ware gehoorzaamheid! En dit is geen verzinsel of een geschiedenis ontleend aan een of ander profaan werk, maar wordt verhaald in de *Levens der heiligen*, boeken die erkend zijn door de Heilige orthodoxe kerk, en geschreven door een heilig en uitnemend bisschop, die God heeft verheerlijkt door zijn wonderen en gaaf gebleven overblijfselen. Wij allen, wij weten dit goed; we geloven er heilig in. Waarom bezien wij deze wezenlijke waarheden met zoveel kilte, onverschilligheid, en zelfs met een zekere zorgeloosheid? Waarom maken we er geen werk van in ons leven, maar veronachtzamen wij ze bovendien, alsof ze ons helemaal niet aangaan? *Onze harten zijn hard geworden (Jes. 6, 9-10)* zoals Jesaja heeft gezegd. *Terwijl we ogen hebben, zien we niet, en terwijl we oren hebben, horen wij niet (vergl. Mt. 13, 13)* Toch is dit alles *opgetekend tot onze lering (Rom. 15, 4) Hoe zullen wij dan ontkomen, wanneer wij een zo groot heil verwaarlozen? (Hebr. 2, 3), terwijl we ons omringd zien door een zo grote wolk van getuigen? (vergl. Hebr. 12, 1)*

---

28 Vrij naar Johannes Climacus, De hemelladder. De orthodoxe kerk viert Acacius de gehoorzame op 7 juli.

Herinneren we ons ook de gehoorzaamheid van de heilige novice Isidora! Zij volbracht niet alleen met een diepe nederigheid en zonder discussie alle lastige karweitjes van de communiteit, terwijl zij beledigingen en misprijzen met bewonderenswaardig geduld verdroeg, maar zij verborg daarenboven haar grote ascetische heldendaden en deugden onder de dekmantel van de dwaasheid. En hoe werd deze strijd beloond? De beroemde kluizenaar Pyoterios ontving van God de openbaring dat een maagd in het vrouwenklooster hem overtrof in ascese. Hij ging naar het betreffende klooster, liet de heilige novice roepen, want in haar nederigheid was deze hem niet met de andere zusters komen begroeten, en hij wierp zich voor het oog van iedereen aan haar voeten, en vroeg haar gebed en zegen.[29] Zie de grootheid van de gehoorzaamheid! Ze overtreft de ascetische heldendaden van de eremieten! Het welslagen van je kloosterleven en je heil liggen om zo te zeggen in je eigen handen. Zou het niet schandalig en bedroevend zijn ze onherstelbaar te laten schieten? Als je de moeilijkheid van de waarachtige gehoorzaamheid benadrukt, wijs me dan een goed werk aan, dat in dit leven gemakkelijk en moeiteloos vervuld kan worden! Hoe zou men kunnen hopen op beloning of vertroosting als men er geen lijden of strijd voor over heeft? Heb je met het oog op het bereiken van je eeuwige zaligheid niet de weg van het monnikendom gekozen, die nu juist berust op de gehoorzaamheid, en op niets anders? Zolang je op die weg blijft kun je niet om de

---

29 Vergl. Historia Lausiaca, hst. 34; het verhaal wordt hier toegeschreven aan de heilige bisschop Basilios.

gehoorzaamheid heen; op de een of de andere manier zul je de wil van je superieuren hebben te doen. Als je het met de vereiste ijver doet, met geduld en nederigheid, wens ik je geluk, want je volgt de heiligen na, Acacius, Isidora, Dositheos[30], Paulus de eenvoudige[31] en anderen, die de kroon der gehoorzaamheid ontvingen, en jij deelt daarin samen met hen. Maar als je mopperend gehoorzaamt, met traagheid, eigenwilligheid en tegenspreken, kan men je slechts beklagen, want je verknoeit de vrucht van je eigen zwoegen; je verspeelt de kronen die gereed lagen om je hoofd te kronen, en die je al in handen had! Hierover zal ik je een verhaal vertellen uit de *Proloog* dat bewijst dat geen enkele goede daad zonder beloning blijft van Hem voor wie *zelfs de haren van ons hoofd geteld zijn. (vergl. Mt. 10, 30).*

Een monnik leefde onder de gehoorzaamheid van een senior. Die had hem onder meer opgedragen nooit zich te ruste te leggen zonder tevoren zijn zegen te hebben gevraagd. Op een avond kwam de leerling, nadat hij zijn gebedsregel had volbracht, bij de senior om diens zegen te krijgen. Maar deze zat te sluimeren. Omdat hij enkele uren bleef slapen moest de leerling lange tijd wachten; terwijl hij daar voor zijn senior stond werd hij moe, en meerdere malen bekroop hem de bekoring weg te gaan zonder te wachten tot de senior wakker werd. Maar telkens werd hij weerhouden door de gedachte dat hij als hij wegging zonder zegen, hij het ontvangen bevel

---

30 H. Dositheos, leerling van de H. Dorotheos van Gaza (VIe eeuw), beroemd om zijn gehoorzaamheid. Feestdag 19 februari.
31 leerling van de H. Antonius de Grote. Feestdag 7 maart.

zou breken. Zo bleef hij voor zijn senior staan wachten tot deze ontwaakte.

Eindelijk opende de senior de ogen, en toen hij zijn leerling voor zich zag staan ondervroeg hij hem: "Wat heb je al die tijd gedaan? - Ik heb niets gedaan, vader, antwoordde de leerling, de slaap nam mij in beslag, en ik ben bijna in slaap gevallen; ik stond op uw zegen te wachten en herinnerde mij dat u mij hebt opgedragen niet zonder uw zegen te gaan rusten. - Hoe dikwijls werd je bekoord om weg te gaan en te gaan rusten? vroeg de senior, maar de leerling kon het hem niet zeggen. De senior zei hem toen: Gezegend ben je, mijn kind, omdat je je aan de gehoorzaamheid hebt gehouden. Geloof me, ik zag zojuist vijf kronen neerdalen op je hoofd, de een na de ander; dat zijn kronen van gehoorzaamheid waarmee de waarlijk gehoorzamen gekroond worden, omdat zij hebben verzaakt aan hun eigen wil en hun verlangens"[32]. Aan dit voorbeeld zien we duidelijk hoe Gods milde hand de minste poging om zich geweld aan te doen om zijn geboden te onderhouden niet zonder beloning laat. Hij heeft immers gezegd: *"Wie al was het maar een beker koud water geeft in Mijn naam, voorwaar, Ik zeg u: zijn loon zal hem zeker niet ontgaan"* (vergl. Mt. 10, 42).

Mij ontbreekt de tijd en de mogelijkheid je de stichtelijke voorbeelden van gehoorzaamheid en verzaking te beschrijven waaraan de Levens der heiligen, de Proloog, de Vaderspreuken, en andere boeken zo rijk zijn. Als je je wilt inspannen om voortgang te maken, als

---

[32] Anonyme vaderspreuken 211. De tekst van de spreuk is aanmerkelijk rijker dan deze weergave.

je een waarachtig novice wil zijn, niet alleen in naam, maar ook door je levenswijze, verzuim dan niet dikwijls deze boeken te lezen en te herlezen, en probeer bij die lectuur te begrijpen en te onthouden wat je gelezen hebt. *"Niet de hoorders van de wet zijn rechtvaardig in Gods oog; alleen de onderhouders van de wet zullen worden gerechtvaardigd"* (Rom. 2, 13).

Als je begrijpt wat je leest, maar niettemin nalatig bent, en het niet in praktijk brengt, dan zul je niet ontsnappen aan de veroordeling als *die dienaar, die, terwijl hij de wil van zijn Meester kende ... niet volgens diens wil handelde (Lc. 12, 47)*. Denk daarover na, en wees op je hoede!

BRIEF 5
OVER DE ONDERLINGE LIEFDE

Wie zijn broeder niet liefheeft
hoe kan zo´n mens God liefhebben? (1Joh. 4,20)

Ondanks je vaste voornemen om je te wijden aan een God welgevallig leven in de vrede van een klooster waar je, zoals je schreef, had gehoopt «een vredige schuilplaats te vinden, en niet verwarring en bekoring» zijn al vlug bekoringen je ziel komen bezoeken! Wat is er aan de hand? Wat is de oorzaak van al die verwarring en onrust?

Allereerst wil ik je dit zeggen: als je had gedacht het paradijs op aarde te vinden, ook al was het maar in een klooster, dan heb je het helemaal verkeerd! Het paradijs, dat wil zeggen het volmaakte geluk bestaat niet op aarde en kan daar niet bestaan, want de mens is niet gemaakt voor de aarde, maar voor de hemel. En om het paradijs in de hemel te beërven moeten we het hier beneden verdienen tegen veel gezwoeg, moeite en inspanning, terwijl we erg goed acht slaan op ons zelf. Want het is zoals de apostel zegt: *"dat wij door vele verdrukkingen het Rijk Gods moeten binnengaan" (Hand. 14, 22)*. Onze goddelijke voorganger in de ascese leert ons dit ook: *"het Rijk der hemelen breekt zich met geweld baan en geweldenaars maken het buit" (Mt. 11, 12)*. Maar toch, wanneer je het paradijs op aarde zoekt, zoek het dan, niet binnen de muren van een klooster, en ook niet in een kluis te midden van een dicht woud, maar zoekt het binnen in jezelf, in je ziel, want: *"het Rijk Gods is in u" (Lk.17, 21)*. Als je het in jezelf had gezocht, en als je je had ingespannen het Koninkrijk van God te vestigen in je hart, dan zou je niet klagen dat je zusters de oorzaak zijn van je beproevingen en bekoringen.

Je schrijft: «Ik heb gemerkt dat sommige zusters mij weinig welwillend behandelen, en dat steekt mij.» Veel «onervaren» zielen die *de volmaaktheid van de liefde van Christus (vergl.1Joh. 4, 18)* niet hebben bereikt, lijden aan deze zwakheid. Zelf heb ik daaraan geleden, en toen ik mij daarover wendde tot een door God verlichte Senior, en hem mijn verwarring en leed openbaarde, ontving ik van hem het volgende antwoord: "De anderen zullen je voorkomen zoals jij hen bekijkt." Want men kan zwart maken wie goed en positief is, en hem op een negatieve wijze voorstellen; en omgekeerd kan wat verkeerd is goed lijken. Met betrekking tot ons zelf wordt dat bijna voortdurend bevestigd: wij doen ons best om onze fouten en vergissingen te ontveinzen door ze in een gunstig licht te stellen, terwijl we onze naaste met veel strengheid behandelen, en hem uitsluitend op zijn uiterlijk gedrag beoordelen, zonder dat we zijn innerlijke gesteltenis kennen. Misschien dat het jou alleen maar voorkomt dat de zusters je «met weinig welwillendheid» behandelen, terwijl dat in werkelijkheid helemaal niet het geval is. Misschien is het een gekonkel van de Vijand die probeert wortels van vijandschap tussen jullie te zaaien, wat jij niet bemerkt, maar wat zo gemakkelijk kan gebeuren. Het vuur wordt soms ontstoken door een kleine vonk die niet tijdig wordt gedoofd, en die verandert in een machtige vlam. Zo kan ook een minuscuul vonkje van wantrouwen en onwelwillendheid een vuur van ongerechtigheid ontsteken die de vrucht van meerdere jaren van moeizame toeleg op de deugden verslindt. En mocht een zuster, door de zwakheid van haar natuur je «weinig welwillendheid» betonen, doorvors dan, voor je haar daarover afkeurt je eigen hart en onderzoek jouw houding tegenover haar. Terwijl je je geweten aandachtig en onpartijdig doorvorst zul je misschien zien dat je zelf aanleiding hebt gegeven tot zo´n houding van haar kant uit, en dat je er dus zelf helemaal de schuld van bent. Span je in, naar het woord van de apostel, om in je hart de volmaakte vrede tegenover iedereen te bewaren: *"Leeft voor zover het van u afhangt met alle mensen in vrede" (Rom.12, 18).* De vrede van je ziel zal de sterkste garantie en verzekering zijn dat de anderen je met liefde zullen behandelen en in vrede met je zullen zijn. Want, er is niets meer verheven of lofwaardiger dan de liefde, zoals de apostel ook bevestigt, door de liefde *de vervulling van de wet* te noemen (*vergl. Rom. 13, 8*) en *"de band der volmaaktheid (Col. 3, 14), waardoor de vrede van God onze harten vervult (vergl. Fil. 4, 7).*

Hoezeer heeft de heilige Johannes de liefde verheerlijkt, de apostel van de liefde - zoals de heilige Kerk hem noemt - de welbeminde leerling en de vriend die zijn hoofd liet rusten op de borst van Christus. Heel zijn boodschap ademt liefde die als vanzelf de harten van zijn aandachtige lezers binnendringt. *Veelgeliefden - schrijft hij - laten wij elkaar beminnen: want de liefde komt van God"(1Joh. 4, 7). Ieder die zijn broeder liefheeft ... kent God. De mens zonder liefde kent God niet, want God is liefde. (vergl. 1Joh. 4, 7-8) Als wij elkaar liefhebben, woont God in ons (1Joh. 4, 12) Wie in de liefde woont, woont in God en God is met hem (1Joh. 4, 16) Wie zijn broeder niet liefheeft, kan God niet liefhebben (1Joh. 4, 20). Dit gebod hebben wij dan ook van Hem gekregen: wie God liefheeft moet ook zijn broeder liefhebben (1Joh. 4, 21). Hij* (dat is Christus) *heeft zijn leven voor ons gegeven. Dus zijn ook wij verplicht ons leven te geven voor onze broeders"(1Joh. 3, 16)*. Begrijp je de grootsheid van de christelijke liefde? We moeten ons leven geven voor onze naaste, dat wil zeggen ons voor hem offeren zonder verschil of onderscheid te maken tot zijn houding of instelling, zelfs als wij van hem haat en beledigingen ontvangen. De Heer leert ons: *Bemint uw vijanden ... doet wel aan wie u haten ... Want als gij bemint die u beminnen, wat voor recht op loon hebt gij dan? Zelfs de heidenen beminnen wie hen liefhebben (vergl. Mt. 5, 44.46)*. O onpeilbare en ondoorgrondelijke diepte van de liefde van hen die Christus navolgen! Zalig wie uw vrucht gesmaakt heeft. Zoals de paradijselijke boom des levens zult gij hem voor eeuwig onsterfelijk en zalig maken.

In het leven van de heilige apostel Johannes de theoloog wordt het volgende karakteristiek gegeven verhaald. Hij was zo oud geworden dat hij niet meer in staat was zelf naar de bijeenkomst van de gelovigen te komen: zijn leerlingen droegen hem op hun handen. En omdat hij niet meer in staat was lang het woord te preken, herhaalde hij slechts zijn lievelingswoorden die de wezenlijke grondslag van het christendom weergeven: «kindertjes laten we elkaar liefhebben!» Dat herhaal ik ook, en ik zal het je zelfs honderd maal zeggen: «Heb lief, heb ieder lief zonder uitzondering, heb zowel de zusters lief die van je houden, en die niet van je houden. Houd nog meer van die laatsten, want dat zijn je weldoensters, omdat ze je in de gelegenheid stellen de hoogste christelijke deugd in praktijk te brengen. Verdenk niemand van kwaadwilligheid ten opzichte van jou. In tegendeel, zelfs al zou dat het geval zijn, span je dan in dit niet op te merken, want «het goede oog ziet het kwade niet» en *de liefde denkt geen kwaad, maar zij bemint alles, alles verdraagt zij, en zij vergaat nimmer (vergl. 1 Kor. 13, 5-8).* Het gebod om de liefde te bewaren geldt altijd, hoeveel te meer is het onontbeerlijk in een klooster. Al de leden van de communiteit vormen samen een echte familie, een geheel, zowel door een zelfde levensstijl als door een gemeenschappelijk streven van hun zielen naar een God welgevallig leven en naar persoonlijke vervolmaking. Maar wat vindt men ondanks zulk een eenheid niet een verscheidenheid en zelfs volkomen tegenstelling van karakters tussen de leden van een gemeenschap! Als een liefdevolle moeder strekt het klooster zijn armen naar allen die er hun toevlucht toe nemen, want zegt de Heer niet: wie tot Mij komt zal Ik niet buitenwerpen (Joh. 6, 37). Allen zoeken er hun toevlucht, of ze ontwikkeld zijn of onontwikkeld, van adel, of uit het volk, rijken, bedelaars, behoeftigen, grijsaards of kinderen, jonge mensen of volwassenen, gezonden of zieken, verminkten incluis. En zij verschillen in alles, zowel in hun staat, als in hun geestelijke ontwikkeling, hun opvattingen, hun begripsvermogen, en zelfs hun beweegredenen, want allen hebben niet dezelfde motivatie om naar het klooster te komen. Mag men dan ook van ieder een gelijke geestelijke vooruitgang en volmaaktheid verwachten? De Heer heeft ook niet aan ieder in gelijke mate talenten geschonken, maar *aan ieder volgens zijn bekwaamheid (Mt. 25, 15)*. Sommigen ontvingen één talent, anderen twee, en weer anderen vijf! Maar merk op dat degene die twee talenten had gekregen en ze door zijn moeite verdubbeld had van de Heer dezelfde beloning ontving dan wie er vijf had gekregen. Zowel tot de eerste als tot deze laatste zei de Heer: *Uitstekend, goede en trouwe dienaar, ga binnen in de vreugde van uw heer (Mt. 25, 21.23)*.

De Heer eiste geen vijf talenten van wie er slechts twee gekregen had. En zoals Hij ze uitdeelde naar de mate van ieders kunnen, zo heeft Hij ze ook ingenomen naar de mate die zij konden opbrengen. Maar wij pijnigen elkaar zonder deernis en wij eisen van onze naaste wat wij zelf niet kunnen volbrengen, en wat wij zeker niet zouden hebben volbracht als wij in zijn plaats waren geweest. Zoek de volmaaktheid dus allereerst bij jezelf. Als je haar door Gods genade en in de mate van je krachten bereikt zult hebben, zul je waarschijnlijk van je naaste, dat wil zeggen van al je zusters, vinden dat zij welwillend, goed en lief zijn. *Haal eerst die balk uit uw eigen oog, en dan zult ge scherp genoeg zien om de splinter te kunnen verwijderen uit het oog van uw broeder" (Mt. 7, 5)*.

BRIEF 6
OVER DE PLICHTEN VAN EEN ZANGER

> *Vervloekt wie het werk Gods met nalatigheid volvoert.*
> *(Jer. 48, 10)*

Je bent nu gaan meezingen in het koor. Zo verheerlijk je de Heer naar het voorbeeld van de hemelse geesten die zonder ophouden de glorie van hun Schepper en Heer verkondigen. Je bent een geluksvogel! Maar ben je je bewust van het gewijde karakter en het belang van dat hemelse werk dat, onvergelijkelijk meer dan welk ander werk ook, verdient «goddelijk werk» te worden genoemd? Mocht dat niet zo zijn, dan is het niet overbodig je te herinneren aan de verschrikkelijke woorden van de profeet: *"Vervloekt wie het werk Gods met nalatigheid volvoert" (Jer. 48, 10)*. Kijk welke vreselijke verantwoordelijkheid rust op wie het werk Gods nalatig en onzorgvuldig volbrengen. De zanger[33] is de «mond van de Kerk», dat wil zeggen de mond van de vierende gemeenschap der gelovigen die in de kerk bidt. Als hij hymnen en gebeden zingt doet hij dat niet slechts voor zichzelf, maar uit naam van heel de

---

[33] De functie van zanger is in de orthodoxe Kerk een lagere wijding die voorafgaat aan de priesterwijding.

gemeenschap; en omdat allen die bidden hun gebeden zeggen bij monde van de zangers, zijn deze laatsten «de mond van de Kerk». *Zingt voor onze God (Ps. 46, 7 Sept.)*, zo nodigt de Heilige Kerk hen uit, maar *zingt met wijsheid (Ps. 46, 9 Sept)*. Bedenk: voor Wie zing je? Tot Wie bid je, en voor Wie sta je? Je staat voor het aanschijn van Hem, voor Wie de hemelse scharen zich met vrees ophouden, en zich het gelaat bedekken. Je looft Hem voor Wie de hemelse machten zonder ophouden uitroepen: «Heilig, heilig, heilig, de Heer Sabaoth!» Wees je bewust van de grootsheid van het werk van de zanger. Besef en bewonder het erbarmen van God, die zelfs zondaars toestaat Hem te loven. Dat hemels werk is het werk voor engelen en niet voor mensen «met onreine lippen» zoals de profeet Jesaja uitriep, nadat hij de hemelse lofprijzing had gehoord: *Wee mij! Ik ben verloren! Ik ben een mens met onreine lippen, ik woon onder een volk met onreine lippen (Jes. 6, 5)*. En nu is aan jou, een zwakke, machteloze en zondige vrouw, zo´n groots werk opgedragen! Dit «talent» dat de Heer je heeft toevertrouwd, is een talent dat je vrucht moet doen dragen en ontwikkelen door het met onderscheid aan te wenden. Zeg met deemoed en vreze des Heren tot je ziel: «Kijk, mijn ziel, de Meester heeft je een talent toevertrouwd, ontvang zijn gave met vreze», en «O mijn ziel, je hebt gehoord hoe degene die zijn talent had verstopt werd veroordeeld: verberg Gods woord niet, maar zing, en maak zijn glorie bekend, ontwikkel de gaven van zijn genade die je zijn toevertrouwd, en je zult binnengaan in de vreugde van je Heer» (Triode van de Vasten t.3).

De Heer talmt niet met zijn belofte (2Petr. 3, 9). Hij zal wederkomen en rekenschap vragen van zijn dienaren, aan wie Hij zijn goed, zijn gaven en talenten heeft toevertrouwd.

Vrees dat je de verschrikkelijke veroordeling zult moeten horen: *Neemt haar dus mijn talent af waarvoor zij zich niet heeft ingespannen om het vrucht te doen dragen en werpt die onnutte dienstmaagd buiten in de duisternis (vergl. Mt. 25, 28.30).* De grote inspanning van een zanger bestaat erin dat hij onophoudelijk alle krachten die de Heer hem geschonken heeft gebruikt tot glorie van God. Zing tot glorie van Gods Naam, zing niet alleen met je lippen en je stem, maar zing met je hart, zing met je verstand, met je ziel, je wil, je verlangen, je ijver, met heel je wezen. Ziedaar waarin het *zingen met wijsheid* bestaat! Het lied van de zanger dringt door tot het hart van wie bidden. Als het lied uit het hart komt bereikt het ´t hart van de toehoorder en beïnvloedt het zo dat het deze tot gebed kan brengen, en zelfs een verharde en verstrooide toehoorder aanzet tot verering. Dikwijls gebeurt het dat mensen een kerk betreden zonder de minste aandrang tot gebed, maar zich fatsoenshalve gedwongen zien te gaan bidden, en dan vurige tranen schreien, en in een heel andere gesteltenis de kerk verlaten, in een geest van vermorzeling en berouw. Deze ommekeer bij hen is een gevolg van de grootsheid van het officie en de schoonheid van de zang. En omgekeerd gebeurt het ook vaak dat wie de kerk binnengaan om met heel hun hart te bidden en hun bedroefde ziel uit te storten voor God geleidelijk aan verstrooid raken en nadeel in plaats van voordeel hebben van het horen van lezing en gezang dat verstrooid en nalatig wordt uitgevoerd. Zij ondervinden er geen enkele vertroosting van, maar stoten zich aan de houding van de zangers, en vallen onwillekeurig in de zonde hun naaste te veroordelen. Over hen die aanstoot geven heeft de Heer gezegd: *Wee de mens door wiens toedoen ergernis komt;*

het zou beter voor hem zijn als men hem een molensteen om de hals hing en hem liet verdrinken in het diepste van de zee (vergl. Mt. 18, 6-7, Lc. 17, 1-2). Hoed je er dus voor om door een aanstootgevende houding in het koor door op een losse en verstrooide manier te zingen het gif van de bekoring in de harten van de mensen die bidden te verspreiden, en om zo te worden onderworpen aan de bestraffing van hen die ergernis geven. Hoed je ervoor *het werk Gods met nalatigheid te volvoeren*, uit vrees de dreigende vervloeking te horen die daaruit voortkomt. Span je in om je te richten op de woorden die je uitspreekt. Zeg ze zo, dat het is alsof ze uit het diepst van je hart komen, dat overeenstemt met je lippen. De levengevende golven van je lied zullen zich dan uitstorten in de zielen van je toehoorders. Zij zullen alle aardse zorg van zich afleggen en zich van de wereldse tot de hemelse zaken verheffen, en de Koning der heerlijkheid ontvangen die zegepralend wordt begeleid door de geesten der engelen. Volgens wat de heilige vaders vertellen, kan niet alleen de menselijke ziel getroffen worden door vermorzeling en ontroering door een schoon geestelijk gezang, maar ook de dieren, die schepselen die niet begiftigd zijn met het woord, hebben er instinctmatig bewondering voor.

Heb je het leven gelezen van de monnik van de Athos Johannes Koukouzélis? In dat leven van die eminente zanger worden de volgende twee feiten verteld. Op een dag weidde hij de schapen en de geiten van het klooster (toen hij in een van de Athoskloosters intrad had Johannes niet verteld welke belangrijke positie hij had ingenomen aan het keizerlijk hof, maar hij gaf voor een eenvoudig herder te zijn, en daarom liet men hem de kudde van het klooster weiden in het gebergte). Terwijl hij bij zijn kudde in een weiland zat, begon Johannes de hymnen te zingen die hij vroeger in het koor van het keizerlijk hof ten gehore had gebracht. Zijn melodieuze stem verhief zich aangenaam en welluidend in het bergachtig gebied, en Johannes, die dacht dat hij alleen was, zong uit volle borst. De schapen en geiten hielden allemaal tegelijk op te grazen en omringden hun herder: ze hielden de adem in en stonden onbeweeglijk, de ogen op hem gericht, betoverd door zijn engelachtige zang. Kijk naar de uitwerking van een diep geestelijk zingen, dat voortkomt uit de diepten der ziel en uit een bewuste geest! Het kan niet alleen menselijke wezens inspireren om hun ziel tot de Schepper te verheffen, maar zelfs redeloze en stomme dieren ontroeren!

Op een andere keer had Johannes naar gewoonte de akathist voor de Moeder Gods gezongen, samen met de andere zangers in het rechter koor. Na de gebedswake ging hij in zijn koorstoel zitten tegenover de ikoon waarvoor hij de acatist had gezongen, en vermoeid viel hij in een lichte slaap. Plotseling wekte een zoete stem hem met de woorden: «Verheug je, Johannes!» Johannes sprong op. In een schittering van hemels licht stond de Moeder Gods voor hem. «Zing, zing zonder ophouden, zei zij verder, en ik zal je nooit in de steek laten!» Bij die woorden legde de Moeder Gods een gouden geldstuk in zijn hand en verdween[34]. Kijk eens welk een grote eer ijverige zangers die de Heer en zijn allerzuiverste Moeder niet slechts met de lippen maar ook met hart en geest loven, al in hun

---

[34] De gedachtenis van de H. Johannes Koukouzelis wordt op 1 oktober gevierd.

aardse leven mogen ontvangen! Wij daarentegen, hoe zullen wij kunnen voorkomen dat Gods gerechte oordeel ons treft vanwege onze verstrooidheid, onze traagheid en onze nalatigheid? Wij beschouwen immers zelfbewust de grootste geschenken van God als ons persoonlijk eigendom, en beschikken erover zoals wij willen, volgens onze eigen verdorven wil en onze zondige gewoonten. Wat een geweldige en bewonderenswaardige gave is de stem en de zang! Wij zijn met die gaven begiftigd om de Heer te kunnen verheerlijken en anderen ertoe te brengen hetzelfde te doen. Terwijl we er trots op zijn die talenten te bezitten vernederen wij onze naaste die er niet over beschikt; wij laten na ze naar behoren te gebruiken tot Gods glorie, en als we er gebruik van maken doen we het niet op gepaste wijze die overeenkomt met hun verhevenheid. *De Heer moge je inzicht geven (vergl. 2 Tim. 2, 7)* om de verhevenheid van je roeping tot zanger in het koor van de hemelse Koning te begrijpen. Breng deze gave ten offer aan Degene die haar schonk, want: *Wat heb je dat je niet gekregen hebt?(1Kor. 4, 7)*. Komen al onze talenten en gaven niet van de God van alle vrijgevigheid, en zal Hij ons geen rekenschap vragen van het gebruik dat wij ervan hebben gemaakt?

Als je in het koor komt, ga dan op je plaats staan, en begin met een kruisteken te maken en je te binnen te brengen dat je je ophoudt voor de Koning van de glorie, die op ditzelfde ogenblik, zoals altijd en zonder ophouden door alle hemelse geesten wordt verheerlijkt. En nu moet jouw onbeduidende en zwakke stem zich bij dat hemels loflied voegen! Laat dat in je bewustzijn staan gegrift. Treedt in je zelf en zeg tot alle vermogens van je ziel, verstand, gedachten, hart, wil, ijver, enz.: *Komt, laat ons aanbidden en nedervallen voor Christus, wenen wij voor de Heer die ons maakte (vergl. ps.94/95, 6).* De Heer zal de goede wil van je hart in aanmerking nemen, Hij zal je zijn genade schenken, je nieuwe kracht geven, en je zang zal opstijgen voor de troon van de Allerhoogste als de geur van zoete wierook. Breng je vaker de zoete woorden te binnen die de Moeder Gods richtte tot de uitstekende zanger Johannes: «Zing, zing zonder ophouden, zei zij verder, en ik zal je nooit in de steek laten!» en put daaruit kracht en troost. Heb vertrouwen en goede hoop dat de Alheilige Moeder Gods je niet in de steek zal laten, noch in dit leven vol valstrikken, noch in de toekomstige zaligheid, waar zij «kronen van heerlijkheid zal verlenen aan hen die lofzangen voor haar zingen». Amen.

BRIEF 7
OVER DE KLEDING EN DE LIEFDE VOOR OPSMUKZO VERSPREID IN HET MONNIKEN-DOM VAN NU[35]

In mijn laatste brief heb ik voldoende gesproken over de grootheid van de roeping van de zanger. Al wat ik zei was gebaseerd op de H. Schrift, de leer van de heilige Vaders en het voorbeeld van wie aan God hebben behaagd door zich in te spannen voor die zaak. Nu wil ik je waarschuwen voor een afschuwelijke zwakheid waaraan bijna alle zangers en vooral de vrouwen te lijden hebben. Onder goede voorwendsels (van orde en netheid) nestelt die zich in hun hart, en als zij daar voldoende bezit van heeft genomen wordt zij meester van hun wil en zet hen ertoe aan om veel zorg te besteden aan uiterlijke opschik.

Een jonge en onervaren moniale valt gemakkelijk in deze strik van de vijand, waarmee hij haar handig in zijn netten vangt. De ogen van haar begrip, niet verlicht door geestelijk onderscheidingsvermogen, zien niet in

---

35 Moeder Thaïssia spreekt hier over de kloosters van haar tijd, die doorgaans idiorytmisch waren, met gemeenschappelijk gebed, maar waarbij de zusters over eigen middelen beschikten.

welk een diepte van zondigheid de duivel haar trekt, en zij heeft niet het minste vermoeden hoe zij, eenmaal gevangen in dit net, onherroepelijk verloren gaat.

Ik moet bekennen dat ik nu ik mij aan deze brief begin wat verwarring heb gevoeld: het is alsof ik mij schaam als ik denk aan wie en waarover ik schrijf. Ik schrijf aan een moniale, die de wereld heeft geminacht en vrij heeft gekozen voor de armoede, ik schrijf aan de verloofde van de geestelijke en onsterfelijke Bruidegom, Christus! En ik schrijf haar over weelderige kleding, opschik en overdaad! Wat zijn dat tegenstrijdige dingen! Helaas is deze zwakheid dermate verspreid in het kloosterleven van onze dagen dat het zonde zou zijn om je niet met enkele woorden hiervoor te waarschuwen. Ik wil je duidelijk maken hoe deze zonde begint, sterker wordt en wortel schiet in de ziel en tot welke fatale gevolgen zij leidt, zodat je dit alles beter begrijpt en helderder inziet.

Een jonge moniale ontvangt het habijt, dat bestaat uit een rasson[36], een podriasnik[37] en een zwarte sluier, en is daarmee uiterlijk kenbaar als lid van een communiteit van monialen, zij is een "zuster" geworden. In onze grote vrouwenkloosters (die vaak uit drie of vierhonderd zusters bestaan) is het onmogelijk iedereen te voorzien van kleding die precies op maat is. Het wordt aan het inzicht en de handigheid van iedere zuster overgelaten

---

36 Rasson, monastieke mantel die een kloosterlinge ontvangt bij haar inkleding, wanneer zij haar proeftijd begint voordat zij geloften doet.

37 Letterlijk onder-rasson, zwart gewaad waar overheen de rasson wordt gedragen.

daar zelf voor te zorgen. Als zij ziet dat sommige zusters in verhouding beter zijn gekleed stort een moniale met een kleingeestig karakter zich in een stupide wedijver en zet zich in het hoofd dat zij een zelfde of mogelijk een betere rasson moet zien te krijgen. Als zij de middelen daarvoor heeft, lukt het haar gemakkelijk. Maar als zij die niet heeft, en wat zij nodig heeft moet zien te krijgen door handenarbeid, dan gaat zij zich daarop toeleggen en besteedt zij al haar vrije tijd om te werken om zo vlug mogelijk het geld bijeen te krijgen dat nodig is voor haar aankoop. Dikwijls stelt zij zich niet tevreden met haar vrije tijd, maar offert er zelfs haar kalmte aan op, haar rust en haar slaap. Zij spant zich in om de tijd in te korten die zij moet besteden aan haar taken, is te laat voor haar werk en beëindigt dit voortijdig om naar haar cel terug te gaan en zich weer aan haar eigen bezigheid te wijden. Ik voeg daaraan zelfs toe: zij verwaarloost haar regel voor de cel[38], legt zich zelfs dikwijls te rusten zonder enig gebed, want zij werkt met volharding zo lang zij kan, en valt op haar bed als haar krachten of haar gezichtsvermogen haar in de steek laten. Hoe schandelijk is zo´n houding! Haar jeugdige krachten, die de monialen kort geleden nog als

---

38 De regel voor de cel bestaat in een bepaald aantal malen het gebedssnoer te bidden, vergezeld met buigingen. Daarbij wordt als gebedsformule het Jezusgebed gezegd (Heer Jezus Christus, Zoon van God, ontferm U over mij, zondaar). Ook psalmen en andere gebeden horen daarbij, die de monnik in zijn cel dient te zeggen. Die regel wordt vastgesteld door de Higumeen of de geestelijke leidsman die rekening houdt met ieders fysieke, psychische en geestelijke krachten.

offer aanbood in een God welgevallig leven worden nu voortijdig en onvruchtbaar verkwist ten offer aan een onbezonnen bevlieging. Hoe nutteloos en ijdel! Het gebed, levensnoodzakelijk voedsel voor de ziel, wordt verwaarloosd, en de ziel, voortdurend verdorstend, wordt ongemerkt verhard. Zij verliest de gewoonte van het gebed en berooft zich van de innerlijke warmte, want de Heilige Geest, die de bron is van die warmte, trekt zich, gekwetst door de nalatigheid en de zorgeloosheid van de ziel, van haar terug en laat haar in de steek. De leegte maakt zich meester van de ziel, de leegte! De ziel raakt verstikt door de ijdele hoop om een ingebeeld goed te krijgen dat op de laatste dag zal leiden tot de veroordeling van de monnik. Als het kledingstuk, waarvoor zoveel kostbare tijd is verspild, eenmaal is verworven gaat de moniale haar nieuwe rasson dragen, en verschijnt ermee bij haar zusters. Wat komt daaruit voort? Is zij er beter van geworden? Staat zij bij de senioren of bij haar medezusters meer in aanzien? De eersten zien vooral de kleinheid en bekrompenheid van haar ziel, wat zo slecht past bij een moniale, en de anderen worden misschien besmet door haar voorbeeld en willen haar navolgen. Wee de ongelukkige. Want het Evangelie zegt: "Wee de mens door wiens toedoen de ergernis komt"(Mt. 18, 7). En als onder invloed van de tegenstander het verlangen om de aandacht te trekken, of om zonder omwegen te praten, het verlangen om iemand te behagen zich heeft genesteld in haar jonge ziel, oordeel dan zelf hoe erg die innerlijke zonde is en hoe vreselijk die fout. Haar ziel is ontrouw aan Christus, haar hemelse Bruidegom. Zijn op haar niet de woorden van toepassing van die beroemde Woestijnvader die op zekere dag op zoek ging naar een verloren schaap: "Wat was er volgens jou niet goed genoeg aan Christus, je onsterfelijke en allerzuiverste Bruidegom, dat je aan een sterfelijk mens zocht te behagen?"[39]

De kleding en weelderige opsmuk van een jongedame (die daarenboven moniale is) getuigen van de ijdelheid van haar geest en de onzuiverheid van haar hart en kunnen anderen aanzetten tot onzuivere gedachten. Je noemt jezelf rijk, maar alleen geestelijke rijkom past een moniale. Een zuivere ziel veracht vergankelijke rijkdom, weelderige en zachte kleren, waarmee prostituees zich gewoon zijn te tooien. Kijk eens tot welke zware zonden die dingen die je kleine fouten en onvolmaaktheden lijken dikwijls leiden!

Ik schreef het je al en herhaal het eens te meer: de tegenstander trekt ons tot elke zonde beetje bij beetje en ongemerkt, en haast onmerkbaar, om ons de strik die hij ons spant niet in het oog te doen krijgen, zodat wij ons niet tegen hem wapenen en hem met schande overladen.. Hij trekt ons aan met mooie smoesjes die hij ons heel uitgekookt influistert. Daarom moeten wij ook voorzichtig en bedachtzaam zijn in al onze gedragingen zonder veronachtzaming van de kleinste gebeurtenissen in ons leven of de meest subtiele gedachten van ons verstand. Opschik en overbodige kledij passen een moniale zomin als een vrome leek. De heilige apostel Petrus spoort de vrouwen aan om zich te tooien "niet met uiterlijke opschik, zoals kunstige kapsels en mooie kleren, …maar met een zacht en gelijkmatig gemoed, dat kostbaar is in het oog van God. (vergl. 1Petr.3, 3-4). Lees er ook de geschriften

---

[39] Zeer vrij citaat naar Johannes de Kleine 40 in Vaderspreuken.

van de heilige vaders op na. Wat zeggen dezen over dit onderwerp? Hoe zou de kleding van een monnik of een moniale moeten zijn? "De monnik moet kleren dragen die zo versleten en slecht zijn dat als zij ze zou laten liggen niemand ze zou oprapen" zeggen de vaders[40]. Wat zijn wij daar ver van af! Hoeveel kleingeestige bekrompenheid is in ons verborgen! Wij hebben de wereld verlaten, de stenen muren van ons klooster houden ons ervan gescheiden, maar de wereld met al zijn verleidingen leeft nog in onze ziel. En hij leeft daar niet alleen, maar hij beheerst ons! Wij hebben hem niet overwonnen, maar hij overwint ons elk moment! Wij lachen niet over de wereld, maar hij lacht over ons, over onze begeerlijkheid en bekrompenheid, die hij ons terecht voor de voeten werpt.

Ik zou je menig voorbeeld kunnen aanhalen ontleend aan de geschriften van de heilige vaders, maar je kunt die zelf lezen. Ik wil je hier alleen iets vertellen dat in ons eigen kloosterleven van alledag gebeurde, en dat voor jou leerzaam kan zijn. Het laat zien hoe leken met een goed oordeel naar onze monastieke opsmuk kijken, en wat vrome monialen die hun roeping wijs en waarachtig beleven ervan denken. Het voorbeeld komt uit mijn eigen ervaring, en daarom vertel ik het je precies zoals het gebeurde.

In het klooster waar ik mijn monastieke leven begonnen ben was het gebruik dat de leden van het

---

[40] Vergl Vaderspreuken 383 en 767: abt Pambo zei: De monnik moet een kleed dragen van die aard dat wanneer hij het buiten zijn kluis laat liggen, na drie dagen nog niemand het heeft opgeraapt.

zangkoor een metanie[41] voor de Moeder Hegoumena, om haar zegen te vragen voordat zij hun plaats in het koor opzochten. Om haar niet te bezwaren door een voor een afzonderlijk een metanie te gaan maken, wachtten wij elkaar op onder de boog van de solea[42] om van daar twee aan twee of drie aan drie naar Moeder abdis te gaan. Op een feestdag stonden enkele van ons daar samen onder de boog. Bij gelegenheid van het feest droegen wij goede kleren, dat wil zeggen, we hadden onze mooiste rassons en kamilavkas[43] en we droegen onze mooiste gebedssnoer in de hand (waarmee wij dikwijls door de mand vielen, omdat wij het begrip voor hun echte betekenis als hulpmiddel om te bidden hadden verloren). Onder diezelfde boog stond een adellijke oude dame, die ons stil opnam. Klaarblijkelijk was zij niet ingenomen met onze uiterlijke opschik (die echt in de ogen van elk verstandig christenmens de monnik misstaat in plaats dat hij hem mooier maakt) en bedroefd riep zij uit: «lieve zusters, u hebt verzaakt aan wat de wereld aan groots te bieden heeft, en nu kunt u hier niet buiten zulke kleinigheden! U had u beter eenvoudig kunnen kleden, in plaats van de mensen te ergeren!» Mijn leven

---

41 Metanie (van het Griekse woord **metanoia** = bekering: een kleine buiging, waarbij de rechterhand tot aan de grond reikt, of een grote (prosternatie) waarbij men zich ter aarde werpt.

42 Solea (van het Griekse σολεα) verhoogd podium voor de Koninklijke Deuren midden voor de iconostase.

43 Kamilavka (van het Griekse καλυμαυχιον) monastiek hoofddeksel dat bestaat uit een soort bonnet waarover een lange sluier ligt.

lang zal ik die woorden niet vergeten, hoewel ze eerlijk gezegd niet op mij betrekking hadden. Want sinds mijn intrede in het monastieke leven heb ik mij altijd strikt gehouden aan de eenvoud in kleding en in alle dingen. In de wereld had ik immers alles en ik heb er vrijwillig aan verzaakt bij mijn intrede in het klooster. Misschien namen sommigen aanstoot aan mijn kleren, niet omdat zij elegant waren, maar juist omdat ze er verwaarloosd en eenvoudig uitzagen. Maar toch, toen ik uit de mond van een leek zo'n zinvolle les hoorde, grifte ik die in mijn geheugen en versterkte dat mij in mijn overtuiging mij niet om mijn kleren te bekommeren, wat mij dikwijls standjes en spot van mijn medezusters bezorgde. Plaats jij ook deze wijze les in je geheugen. Minacht haar niet in je hart omdat zij gegeven werd door een leek die geen bevoegdheid had om monialen de les te lezen en te stichten, en niet op de hoogte was van hun levenswijze, hun gestrengheden en hun zwakheden. Zij wist en verklaarde dat de voornaamste plicht van een moniale de bezitloosheid is, het weigeren van alles wat overbodig is, onder welke vorm dan ook. De Heer onderricht ons op allerlei manieren en gebruikt voor onze redding vaak onbeduidende instrumenten. Als wij niet luisteren naar onze meesters en leraren, en geen aandacht schenken aan de geschriften van de heilige Vaders onderricht de Heer ons door hen die wij minder hoog aanslaan, om onze trots te vernederen en om ons gelaat te bedekken met schaamte (vergl. Ps. 64,16).

Want hoe is het mogelijk voorbij te zien aan onze schande? Hoe kunnen wij niet versteld staan van onze lelijkheid? Als wij ons innerlijk, onze ziel, diep doorschouwen, onpartijdig en zonder ons zelf te rechtvaardigen, wat stuiten wij dan op een verschrikkelijke tegenspraak tussen de zorg, de moeite en de aandacht die wij aan ons lichaam besteden, en het weinige dat wij over hebben voor onze ziel. Toch weten wij heel goed dat het lichaam, hoe het ook is onderhouden en ondersteund, volgens de Schrift bestemd is om in het graf voedsel te worden voor de wormen en prooi voor het bederf: *Gij zijt stof en tot stof zult u wederkeren* (Gen. 3,19). Wij weten ook dat de ziel als onsterfelijke geest, uitgegaan van de eeuwige en onsterfelijke Schepper, de onsterfelijkheid zal beërven, hetzij in het genot van het eeuwig geluk, hetzij in de onophoudelijke kwellingen, naargelang van haar voorbereiding op aarde, waarop zij worden geoordeeld. Is het dan niet verkieslijk meer aandacht te geven aan de ziel dan aan het lichaam, of – zoals de heilige Kerk zingt – om «het vlees te minachten, omdat het voorbijgaat, om zich te wijden aan de ziel, daar zij onsterfelijk is»[44]

Moge de Heer ons bevestigen op die weg!

---

44   Uit het algemene tropaar voor een monnik.

BRIEF 8
OVER BEZIGHEDEN DIE OVERBODIG ZIJN EN NIET SAMENGAAN MET DE GEEST VAN HET MONNIKENDOM

> *Zoekt eerst het Koninkrijk van God en zijn gerechtigheid: dan zal alles u erbij gegeven worden.*
> *(Mt. 6, 33)*

Mij dunkt dat ik je voldoende heb uitgelegd hoezeer overdreven zorg voor opschik en kleding voor een moniale zondig is en ijdel. Nu wil ik over ditzelfde onderwerp je enkele woorden zeggen met betrekking tot de inrichting van de cellen en de onmatigheid bij het eten en drinken. Dat alles is niet alleen niet bevorderlijk voor geestelijke groei, maar wakkert integendeel de zinnelijkheid van de vleselijke mens aan.

Overdaad wordt genoemd wat geen deel uitmaakt van de wezenlijke levensbehoeften, maar uitsluitend dient om de fantasie te voldoen. Als overdaad voor de leken niet geldt als een bewijs van wijsheid, hoe zou deze dan prijzenswaardig kunnen zijn bij de monniken? Door hun roeping hebben dezen niet alleen verzaakt aan overdaad, maar zelfs aan het noodzakelijke, om met vertrouwen te kunnen uitroepen zoals de apostelen: "Zie, wij hebben alles verlaten om U te volgen! (Lc. 18, 28). Zoals de Heer heeft gezegd: het is onmogelijk tegelijk God te dienen en de ijdelheid: "Niemand kan twee heren dienen (Mt. 6, 24). Men zal aan één de voorkeur geven: hij zal de een liefhebben en de ander haten (Lc. 16, 13).

Hoe zul je je helemaal aan God kunnen wijden zolang de aantrekkingskracht van de wereld en de ijdelheid nog geworteld is in je hart? Hoe zul je het *enig noodzakelijke* (vergl. Lc. 10, 42) kunnen zoeken als je *onrustig bent en bezorgd over veel dingen* (Lc. 10, 41) die overbodig zijn, vluchtig, en niet thuishoren in het hart van mensen die enkel de Heer liefhebben? Wat betovert u zo, arme zusters? Het bezit van mooie meubels, van dwaze prulletjes en afbeeldingen in jullie eenvoudige celletjes?

Dat alles leidt jullie[45] geest af en verhindert hem zorg te besteden aan het binnenvertrek van de ziel, die een waardige verblijfplaats zou moeten zijn voor uw hemelse Verloofde! Weten jullie niet dat deze Bruidegom, die zich wil verenigen met jullie zielen – en dat is de reden dat Hij jullie geroepen heeft om deel uit te maken van het koor der monniken – dat Hij zich voortdurend ophoudt voor de deur van jullie zielen, en verlangt je te bezoeken en bij je te verblijven? Hij zegt het in het Boek van de Openbaring van de H. Johannes de theoloog: *Ik sta voor de deur en Ik klop. Als iemand mijn stem hoort en de deur opent, zal Ik bij hem binnenkomen en maaltijd met hem houden, en hij met Mij* (Ap. 3, 20). Maar als u zich

---

45   in deze alinea gaat abdis Thaïssa over van het enkelvoud naar de meervoudvorm. Waarschijnlijk dus een passage uit een toespraak tot haar communiteit.

bezorgd maakt over ijdele en wereldse dingen, waaraan u alle aandacht wijdt, zult u de Heer dan horen kloppen aan de deur van uw hart? En hoe zult u Hem kunnen horen als u zich bezig houdt met nietigheden? Zal de Heer, gewond door uw nalatigheid zijn Allerheiligst Gelaat niet van u afwenden? En als Hij weggaat van de deuren van uw harten, die voor Hem gesloten bleven, zal Hij dan niet dit vreselijk oordeel uitspreken: *Zie uw huis zal onbewoond achtergelaten worden …Gij zult Mij niet meer zien* (Mt. 23, 38-39).

De Heer behoede je voor de afschuwelijke gevolgen van de kleinheid van ziel, de ijdelheid van gedachten en een grote zorg voor dingen van niets en niemendal, die niet passen bij je roeping. *Weest kinderen in de boosheid, maar niet in uw oordeel (1Kor. 14, 20)* zegt de Apostel. Probeer je dus niet te rechtvaardigen in de gedachte dat deze kleinigheden van jouw kant alleen maar een onschuldige verstrooiing zijn, waaraan niets zondigs is en die eigen zijn aan de jeugd. Zo´n houding is al niet vrij van zonde, want van de ene kant is zij ver verwijderd van de monastieke geest, en van de andere kant leidt zij de geest af van Gods tegenwoordigheid. Kunnen de ogen van je verstand het goddelijk licht aanschouwen als zij bedekt worden door een sluier van ijdelheden en dingen die afleiden? Verheven gedachten kunnen niet blijven in een ijdele geest, en evenmin kunnen diepe gevoelens wonen in een oppervlakkig hart.

De cel of kamer is het privé verblijf van een persoon. De inrichting zou dus moeten overeenkomen met de behoefte en de situatie van de bewoner. De cel van een monnik of moniale is de plaats van zijn verborgen strijd, van zijn gebed, zijn vasten, zijn nachtwake enz. De cellen van de eerste monniken en monialen waren gewoonlijk gelegen in holen, grotten en in het gebergte. Zoals de Apostel opsomt: *"Zij zwierven rond in woestijnen en op de bergen, ze verborgen zich in spelonken en holen in de grond, ontdaan van alles, vervolgd, mishandeld. Zij waren te goed voor deze wereld"* (Hebr. 11, 37 - 38). Tegenwoordig stellen monniken zich er niet mee tevreden cellen te hebben op onvergelijkelijk meer comfortabele plekken, zij doen bovendien hun uiterste best om hun cellen om te bouwen, zodat het niet langer cellen zijn maar eenvoudigweg prachtige kamers, meer een bron van bekoring dan van stichting. Wie de cel betreedt van een moniale verwacht dat deze zal zijn ingericht op kloosterlijke wijze, d.w.z. met heilige iconen, boeken, en eenvoudig meubilair. Maar in plaats daarvan ontmoet zijn blik dikwijls versieringen die absoluut niet bescheiden zijn: gemakkelijke en soms zelfs luxueuze meubels, schilderijen, spiegels en soortgelijke voorwerpen, die men gewoonlijk aantreft in een wereldse omgeving. Wat voor indruk zal hij meenemen van zo´n cel? Zal hij niet, in plaats van een positieve en vredige indruk, dit duidelijk ergernis verwekkend en verwarrend vinden? Maar wee de mens die aanleiding tot ergernis geeft, zegt de Heer: *Het zou beter voor hem zijn om met een molensteen aan de hals in het diepste van de zee te worden geworpen, dan zijn naaste aanstoot te geven* (Mt. 18, 6-7; Lc. 17, 2). Kijk wat voor een zware zonde het in de ogen van God is om ergernis te geven aan anderen, en merk op welk een verantwoordelijkheid daaruit voortvloeit! Maar wij denken er niet aan en zien de zonde niet waar zij schuilgaat. Of juister gezegd, wij weigeren haar te zien, want wij scheppen er behagen in, en willen er niet aan verzaken.

Terwijl wij te kort schieten in soberheid bij de inrichting en versiering van onze cellen, juist als op het gebied van kleding en opschik, laten wij dezelfde onmatigheid zien in het eten en drinken. Zul je ooit tevreden zijn, zuster, met het voedsel dat in de refter wordt opgediend? Ben je niet steeds geneigd tot kritiek, tot gemopper en probeer je niet altijd er iets aan toe te voegen met eigen kruiden en lekkernijen? En erger nog, daarin zie je geen zonde. Als je hierover niet oppervlakkig maar wat dieper zou willen nadenken zou je je vergissing zeker inzien. Jullie, die niet bij tientallen, maar met honderden zusters in vrouwenkloosters woont, weet dat het veel kost om jullie iedere dag twee maal niet alleen brood te verschaffen, maar een voedsel dat, al is het geen uitgelezen spijs, toch vers en gezond is. Maar daaraan denken jullie niet! Want jullie zijn alleen gewoon om voedsel te eisen, en niet om het met zware arbeid te verdienen zoals de leken die hard moeten werken om in hun onderhoud te voorzien. Zij tellen ieder stuk brood dat zij eten in het zweet van hun aanschijn (vergl. Gen. 3, 19), en niet in een refter waar alles klaar staat. Zeg mij bovendien: ben je naar het klooster gekomen om je te goed te doen aan snoeperij en gevulde schalen? Was je niet gekomen om te vasten[46] en de onthouding

---

46   Het vasten is voorgeschreven gedurende vier perioden: de vastendagen voor Kerstmis, de grote vasten voor Pasen, de vasten voor de apostelen (voor het feest van Petrus en Paulus) en de vasten voor het feest van de Ontslaping van de Moeder Gods (15 augustus); bovendien op woensdag en vrijdag (en voor monniken ook op maandag), en op sommige andere dagen.

te beoefenen? Denk nog eens aan de eerste monniken: zij aten hun brood met mate, en sommigen aten enkel wortels. Zij stilden ternauwernood hun dorst, en dan nog enkel met water. Maar jullie: er komt geen einde aan jullie thee en je samowar![47]

Toen u in het klooster bent getreden hebt u zonder aarzelen M. Overste op haar vraag of u wist dat het kloosterleven vol moeite en ontbering is te antwoorden dat u die ontberingen beslist aanvaardde, dat u ze uit vrije wil verdragen zou om de Heer te behagen. Maar hoe is het in feite gegaan? Wat waren uw heilige voornemens vlug vergeten! Wat is het vuur van uw ijver voor de Heer vlug uitgeblust! Zuster, denk nog eens aan je eerste tijd in het klooster. Toen brandde je hart van liefde voor Christus, en je was bereid voor Hem iedere ontbering te verduren, en zelfs de grootste armoede. Je verlangde om te zijn als *Maria, die gezeten aan de voeten van de Heer, luisterde naar zijn woord* (vergl. Lc. 10, 39), zijn woord met betrekking tot het *enig noodzakelijke* (vergl. Lc. 10, 42), dat woord, zoeter dan melk en honig, maar je bent geworden als de drukke Martha *bezorgd en druk over vele dingen van het bedienen* (vergl. Lc. 10, 41). Maar jij

---

Voor monniken bestaat het vasten uit onthouding van vis, eieren, melkproducten en olie. Toegestaan is droge kost of in water gekookte spijzen, en soms olie. Behalve op zaterdag en zondag dient men zich van voedsel te onthouden tot na de noon.

47   Samowar: (Russisch woord dat betekent "wat kookt uit zichzelf") Russische waterketel, draagbaar koperen keteltje, verwarmd met houtskool, waarmee men water aan de kook brengt voor b.v. thee.

bent ook nog eens niet bezig met de Heer te dienen, zoals Martha dat deed, maar je wilt jezelf een genoegen doen, en tegemoetkomen aan je eigen bevliegingen en overbodige verlangens. Keer terug naar de voeten van Jezus, mijn zuster! Het is daar zo goed. Hoe zoet zijn Zijn goddelijke woorden! Hij bevestigt het ons: *Gelukkig die naar Gods woord luisteren en het onderhouden* (Lc. 11, 28). *In het huis van zijn Vader zijn vele woningen* (vergl. Joh. 14, 2) en *Hijzelf zal een plaats bereiden voor wie Hem liefhebben. En als Hij zal komen zal Hij hen met zich meenemen, opdat waar Hij is ook zijn dienaars zijn* (vergl. Joh. 14, 3). *Wie Hem liefhebben en zijn geboden onderhouden zullen door Hem en zijn hemelse Vader worden bemind en Hij zal met zijn hemelse Vader in hun harten komen en verblijf bij hen nemen* (vergl. Joh. 14, 21-23). Hoe sterkend en vertroostend is zijn goddelijke belofte: *Ieder die zijn huis, of ouders, of broeders en zusters, of iets anders zal hebben opgegeven ter wille van het Koninkrijk van God, zal in deze tijd een veelvoud ontvangen, en in de toekomstige wereld het eeuwige leven* (vergl. Lc 18, 29-30). Als je maar vaker dacht aan deze zoete beloften en nadacht aan hun kracht, dan zou je niet worden verleid door het eerste het beste ding van niets of futiliteitje van het leven en *je zou het beschouwen als verlies (d.w.z. als niets) om Christus te winnen* (vergl. Fil. 3, 8)

Dat Hijzelf je hart moge overstelpen met zijn gaven, nu en voor altijd!

BRIEF 9
OVER IJDELE WOORDEN EN KLETSPRAAT

Welnu Ik zeg u: over ieder ijdel woord dat de mensen zullen hebben uitgesproken, zullen zij rekenschap moeten afleggen op de Dag van het Oordeel. (Mt. 12, 36)

Beste zuster je klaagt over de bekoringen die je bekruipen en die volgens jou zijn te wijten aan de argwaan en aan het gebrek aan terughoudendheid in de gesprekken. Die laatste vaststelling raakt, dunkt mij, de voornaamste en echte oorzaak van alle beproevingen en de bron van alle kwaad. Naar aanleiding hiervan wil ik je enkele woorden schrijven over het kwaad dat veroorzaakt wordt door het ijdel gebabbel en de kletspraat, die zo veel voorkomt bij jullie. Je bent er je zelfs niet van bewust, want jullie spreken teveel, zonder te onderscheiden of het al dan niet van nut is, of het praten baat of schaadt… als er maar iets gezegd wordt! Het is alsof jullie bang zijn om te zwijgen, wat toch de eerste plicht is voor een moniale, de voornaamste voorwaarde om voortgang te maken en het sieraad van elk monastiek leven.

De hartstocht om te babbelen, dat wil zeggen om gesprekken te voeren over vluchtige zaken en die geen nut hebben, is diep geworteld bij de mensen en is hun geliefd tijdverdrijf geworden. Het is alsof wij niet weten, alsof wij niet geloven dat ijdel gepraat ′n zonde is, en wel een zware zonde, want hij brengt een reeks andere voort, zoals geruzie, conflicten, kletspraat, kwaadsprekerij, veroordeling van de naaste, laster, enz. Alle ongeordendheid die rijkelijk aanwezig is in het menselijk bestaan, alles wat de vrede van de ziel vertroebelt, dat alles vindt zijn oorzaak in het gepraat, dat zo verankerd ligt in het gewone leven dat het er een fundamenteel bestanddeel van lijkt en iets dat absoluut noodzakelijk is. Als er een zonde of hartstocht is die zich weet te vermommen onder een schone schijn dan is het wel het gebabbel!

Terwijl wij het gesprek beginnen onder het voorwendsel te praten over iets belangrijks gaan we ongemerkt over tot nutteloze woorden die leeg zijn en waarin zonde schuil gaat. Die ziekte is als een diep gewortelde besmetting en laat zich moeilijk genezen. Zij is binnengedrongen in alle lagen van het persoonlijke en van het maatschappelijke leven. Zij heerst bij mensen van elke leeftijd en van alle slag, van iedere rang en stand, en zelfs in de kloosters!

Een zielenherder van onze tijd, een heel diepzinnig mens schreef hierover: «Hoe lichtzinnig en zorgeloos gaan wij om met ons spreken, dat zou verdienen dat wij er veel aandacht aan besteden omdat het een kostbaar geschenk van God is. Maar is er iets dat wij minder respecteren dan het woord? Waarop valt minder staat te maken dan op ons woord? Slingeren wij ons woord niet elk moment de ruimte in geslingerd als vuil? O christenmens, heb eerbied voor de woorden die je spreekt, geef er aandacht aan!» Zijn het niet onze woorden, die wij met zoveel gebrek aan zorg en aandacht behandelen, die ons rechtvaardiging of veroordeling zullen opleveren? Onze Heer Jezus Christus heeft gezegd: "Naar uw woorden zult ge gerecht bevonden en naar uw woorden zult gij geoordeeld worden, want Ik zeg u: van ieder onnut woord dat de mensen spreken, zullen zij rekenschap moeten afleggen op de dag van het oordeel." (Mt. 12, 37/36). Als ons dus op de dag van het oordeel rekenschap zal worden gevraagd over een enkel ijdel, dat is overbodig, nutteloos woord, welke veroordeling en straf halen wij ons dan niet op de hals, wij die niet ophouden te kletsen zonder ons te storen aan plaats of tijd, noch aan de tegenwoordigheid van vreemden, die wij misschien, huns ondanks, betrekken in onze overbodige gesprekken? Door hen zo tot zonde te brengen zullen wij dubbel worden veroordeeld, zowel om ons geklets, als omdat wij schandaal veroorzaken, want *wee de mens die aanleiding geeft tot ergernis.* (Mt. 18, 7). Maar daaraan denken wij niet eens. Wij maakten slecht gebruik van de natuurlijke gave die de spraak is. Zij werd ons voor alles verleend om onze Schepper te loven, Hem te danken en te verheerlijken, wat eigen is aan ieder redelijk wezen. De stomme natuur op haar beurt verheerlijkt Hem door haar grootsheid en haar harmonie, en wijkt niet in het minst af van de wetten die Hij voor haar heeft vastgesteld: "De hemelen verhalen de majesteit Gods, het uitspansel verkondigt het werk Zijner handen" (Ps. 19/18, 1).

Het spraakvermogen is ons gegeven om elkaar te kunnen verstaan, niet instinctmatig zoals de redeloze dieren, maar door ons verstand. Zo geven wij uiting aan begrippen die helder geformuleerd kunnen worden door ons door God verlicht verstand – die bron van de gedachte en het woord – om ons met elkaar op verstandige en broederlijke wijze te kunnen onderhouden in gesprekken over het leven van alledag en zijn verloop, tot wederzijds voordeel en stichting, en om elkaar te troosten en te ondersteunen, enz. Maar wij hebben die gave allerminst ontvangen voor ijdele taal, om te oordelen, kwaad te spreken, of onze naaste te veroordelen met uitspraken alsof wij meedogenloze rechters en folteraars waren, in plaats van onszelf te beschouwen als zwakke en zondige broeders, zoniet erger! Ge zijt zonder verontschuldiging, zegt de apostel -, *want met uw oordeel over anderen veroordeelt gij uzelf. Gij die u tot rechter opwerpt, doet immers precies hetzelfde. Gij die een oordeel velt over hen die zulke dingen doen en ze zelf evenzeer doet, rekent gij erop dat gij aan Gods oordeel zult ontsnappen?* (Rom. 2, 1.3) *Wie zijn broeder veroordeelt* – zegt Jacobus – *veroordeelt de Wet. Welnu als gij de wet oordeelt, bent u geen onderhouder van de Wet, maar werpt ge u op als haar rechter* (vergl. Jac. 4, 11).

Van lege gesprekken en kletspraat komt grootste ellende! Soms leidt een gewoon woord dat lichtvaardig wordt gesproken tot een storm van onaangenaamheden en vervult het hart van degene tot wie het werd gericht met verontwaardiging en wrok. Zoals uit een klein vonkje dikwijls een groot vuur ontstaat dat hele dorpen verslindt, zo kan een enkel woord, uitgesproken zonder enige kwade bedoeling, en waaraan wij geen enkel belang hechten, leiden tot het grootste kwaad. *Een klein vuur kan een grote brand doen ontvlammen,* zegt de apostel Jacobus. *Evenzo is de tong maar een klein deel van ons lichaam, toch voert zij een hoge toon* (Jac. 3, 5). *Zij is een vuur, een wereld van ongerechtigheid. Heel ons lichaam kan zij bezoedelen, ons levensrad in vlam zetten, zelf in vlam gezet door de hel (Jac. 3, 6). De tong is een bandeloos euvel, vol dodelijk venijn. Met haar zegenen wij God, en met haar vervloeken wij de mens, gemaakt naar Gods beeld. Uit een en dezelfde mond komt zegen voort en vloek. Dit mag niet zo zijn, broeders. Laat een bron soms uit dezelfde ader zoet en brak water opwellen? (Jac. 3, 8.9-11). Als iemand onder u voor wijs en verstandig wil doorgaan moet hij zulk een pretentie waar maken door een voortreffelijke levenswandel, door daden van wijsheid en zachtmoedigheid. Maar als ge in uw hart bittere naijver en eerzucht koestert, laat dan die grootspraak die in strijd is met de waarheid achterwege (d.w.z. door jezelf te beschouwen als wijs). Die wijsheid komt niet van boven, ze is aards, ja duivels. Want waar naijver en twist zijn daar is ordeloosheid en iedere soort kwaad (vergl. Jac. 3, 13-16).* Zie welk kwaad voortkomt uit ons ijdel gepraat en geklets! En als zo´n gedrag al niet passend is voor christenen in het algemeen, is het dan niet nog veel onvergeeflijker voor monialen die vrijwillig hebben verzaakt aan de wereld en zijn zondige gewoonten en in het klooster zijn gegaan om zich onbelemmerd aan hun heil te kunnen wijden? De vijand van ons heil, die weet dat wij zwakke mensen ondanks onze ijver om aan God te behagen steeds geneigd zijn om compensatie en troost te zoeken, is ook hier niet in gebreke gebleven om het zaad van zijn onkruid te zaaien in het heilige graan.

Jullie monialen, door de wereld te verlaten hebben jullie ook al zijn vertroostingen en genoegens opgegeven die geoorloofd zijn voor de leken. Jullie enige vertroosting bestaat in de ontmoeting en het gesprek met medezusters. Uw oversten, die u vol wijsheid en goedheid leiden, beknibbelen daarop niet en verbieden u niet die onschuldige troost. Zij staan zelfs toe dat u elkaar bezoekt en in de vrije tijd samen wandelt. Bovendien kunt u vrijuit spreken terwijl u zich samen aan uw taken wijdt. Maar u hebt een slecht gebruik gemaakt van die vrijheid. In plaats van voordeel en echte geestelijke troost heeft het u nadeel opgeleverd, ruzies, geklets en onenigheid, die zoals een vonkje een groot vuur doen ontbranden dat al uw moeite en uw monastieke prestaties verslindt. Zo bewerkt u niet uw heil! Kent u de woorden van de apostel niet: *Ieder van ons zal rekenschap moeten afleggen voor zichzelf* (Rom. 14, 12) *aan God die gereed staat te oordelen* (vergl. 1 Petr. 4, 5).

Ik zou willen dat u zou samenkomen zoals religieuzen dat vroeger deden, uitsluitend om elkaar geestelijk te stichten en daarvan iets op te steken. Dan zouden jullie het niet hebben over zaken die niets van doen hebben met monastiek leven! Maar u zou het met elkaar hebben over hoe ieder van jullie het beste haar heil kan bewerken, over hoe ieder de eigen celregel onderhoudt, en hoe zij die zou moeten vervullen, en over het beoefenen van de ascese. U zou elkaar stichten en steunen. Door elkaar zo behulpzaam de hand te reiken op de weg van het monastieke leven die vol voetangels en klemmen zit, zou men op jullie de woorden kunnen toepassen van de zeer wijze Salomon: *Een broeder die gesteund wordt door zijn broeder is als een versterkte stad* (Spr. 18, 19 Sept.). Jullie bijeenkomst zou zijn als die van de engelen die, hoewel veel talrijker, allen één en dezelfde heilige wil hebben, één enkel verlangen om de Wil te volbrengen van hun Schepper. Lieve zuster, de monastieke orde wordt niet voor niets engelachtige orde genoemd! Wij allen die in dit heilig klooster samen zijn in de naam van de Heer, hebben één zelfde wil, een zelfde verlangen: om aan de Heer te behagen (vergl. 1 Cor. 7, 32). Wij hebben geen aardse banden die ons vasthouden aan de wereld. Wij hebben niet de zorgen en het gedoe van het dagelijks leven, die ons verhinderen naar onze hemelse Bruidegom te vliegen. Wij zijn vrij als *de vogelen van de hemel die niet zaaien en niet oogsten, en niet verzamelen in schuren, maar onze hemelse Vader voedt ons* (vergl. Mt. 6, 26). Laten wij deze engelachtige roeping voor de geest houden en, volgens de leer van de apostel, *wandelen overeenkomstig onze roeping, die wij van God ontvangen hebben, in alle deemoed en zachtheid, in lankmoedigheid, liefdevol elkaar verdragen, terwijl we ons beijveren de eenheid des Geestes te behouden door de band van de vrede* (vergl. Ef. 4, 1-4).

BRIEF 10
OVER DE BEZOEKINGEN DIE ONVERMIJDELIJK ZIJN IN HET MONASTIEKE LEVEN, EN OVER DE VRIJE KEUZE VOOR DE WEG VOL VERZOEKINGEN

> *Ieder die de hand aan de ploeg slaat,*
> *maar omziet naar wat achter hem ligt,*
> *is ongeschikt voor het Rijk Gods. (Lc. 9,62)*

Alweer gemopper, klagen, alweer dezelfde onzinnige en goddeloze woorden: «Ik kan er niet meer tegen! Van alle kanten bezoekingen!» Dat is goddeloze taal, gemopper van een ondankbare ziel. Is zij niet door God overladen met genaden, en die woorden zijn onzinnig, want zij stroken niet met je eigen gedachten, gevoelens en daden.

Ben je in het klooster gegaan omdat je iemands raad volgde, of gedwongen, of door een samenloop van omstandigheden? Was het niet uit eigen vrije wil, ondanks de wensen en de waarschuwingen van familie en vrienden? Als men je de moeilijkheden van het kloosterleven voor de geest bracht, zei jij dat je bereid was tot alle verzoekingen en ontberingen. Je bevestigde dat alleen het monastieke leven je de vrede van ziel kon verlenen en je verlangens kon bevredigen. Je hebt je dus vrijwillig op deze weg begeven, terwijl je er ten volle bewust van was dat hij niet *wijd en breed* (d.w.z. gemakkelijk) is, maar *nauw en smal* (vergl. Mt. 7, 13-14), zoals de Heer, onze goddelijke eerste Asceet heeft gezegd, *die ons een voorbeeld heeft nagelaten opdat wij in zijn voetstappen zouden treden* (vergl. 1 Petr. 2, 21).

Waarom breng je jezelf in moeilijkheden, en spreek je jezelf tegen? Deze weg zou niet doornig worden genoemd als hij geen doornen bevatte. En hij zou niet nauw en ongemakkelijk worden genoemd als hij breed en wijd was. In de aard der zaken schuilt geen tegenspraak, maar wij spreken onszelf dikwijls tegen in onze daden en zelfs in onze gedachten. Of is je hart soms veranderd en ben je ertoe gekomen om te verafschuwen waarvan je eerst hield? Keer je je nu af van wat je tevoren beminde? Waar is je ijver om alle bezoekingen en ontberingen te verdragen uit liefde voor je allerzoetste Bruidegom, Christus, naar Wie je ziel haakte? Herinner je dat *Ieder die de hand aan de ploeg slaat, maar omziet naar wat achter hem ligt, ongeschikt is voor het Rijk Gods.* (Lc. 9,62) Beoordeel dit met een voorbeeld uit het dagelijks leven. Als een pelgrim die een lange en moeilijke reis heeft ondernomen stilstaat, terugkijkt, en aarzelt bij iedere moeilijkheid die hij tegenkomt, en zich afvraagt of hij niet beter zou doen op zijn schreden terug te komen, zal hij dan spoedig het einddoel van zijn reis bereiken, en zelfs: zal hij het ooit halen? En wij, aardse pelgrims, die ons op deze weg vol kruisen van het monastieke leven hebben begeven om het lichtend paleis te mogen binnengaan van onze goddelijke Kruisdrager, de Heer die zich geofferd heeft op het kruis, Christus, onze goddelijke Verloofde: als wij stilstaan bij iedere moeilijkheid en iedere mislukking, als wij achteruitkijken, bereid om terug te keren op onze schreden, zullen wij het verlangde hemelse paleis spoedig bereiken, en zullen wij er zelfs komen? Zal men ons niet aan de poort laten kloppen als de onverstandige bruidsmeisjes in de parabel? (vergl. Mt. 25, 11-12). Zullen wij niet worden veroordeeld voor ons gemor zoals de Joden die *vanwege hun morren het Beloofde Land niet mochten binnengaan?*(Num. 14, 23). Zullen wij ten slotte niet veranderd worden in een zoutzuil als de vrouw van Lot die door een engel uit Sodom en Gomorrha werd geleid – die vanwege hun ongerechtigheden veroordeeld werden om vernietigd te worden – en die op de weg van het heil werd geplaatst beschut tegen een vreselijke dood, en die ondanks het verbod omkeek en omkwam op die weg? (vergl. Gen. 19, 26).

Overkomt jou niet iets dergelijks? Hoe dikwijls kijk je niet om, terwijl de zeer goede Voorzienigheid Gods je heeft geplaatst op de weg des heils – de weg van het monastieke leven? Geef je niet heel dikwijls toe aan de bekoring, aan gedachten van twijfel die je influisteren dat deze weg niet tot het heil brengt? En dit omdat je je stoot aan moeilijkheden, bezoekingen, bekoringen en tegenspoed. Begrijp je niet dat *dit moet geschieden* (vergl. Mt. 24, 6), omdat daarin je heil ligt vervat? Als je ziel verward is en opgewonden, kan zij dan in de Vreze Gods blijven? Kunnen de ogen van je begrip het goddelijk licht aanschouwen als zij verduisterd worden door de ontmoediging? Als je hart verdeeld is, kan het dan helemaal toebehoren aan Christus, de hemelse Bruidegom? *De mens die innerlijk verdeeld is, is ongestadig in heel zijn gedrag* (vergl. Jac. 1,8). Ik voeg je deze woorden van de apostel toe: *ik ben bang dat ik me vergeefs voor u heb afgetobd* (Gal. 4, 11) omdat je vergeefs zwoegt terwijl je de vijand opneemt in je hart. *Maar nu, nu ge God hebt leren kennen, of liever, door God zijt gekend, hoe kunt ge u nu opnieuw keren tot die zwakke en armzalige krachten? Wilt ge weer van voren af aan hun slaven worden?* (Gal. 4, 9). Nee zuster! *Laten wij vastberaden de wedstrijd lopen waarvoor wij hebben ingeschreven. Zie naar Jezus, de aanvoerder en voltooier van ons geloof. In plaats van de vreugde die Hem toekwam, heeft Hij een kruis op zich genomen en de schande niet geteld* (Hebr. 12, 1-2). Denk aan het Lijden van de Heer, en laat de moed niet zakken bij bekoringen, van welke aard ook. Wankel niet in je ziel, want *uw strijd tegen de zonde heeft u nog geen bloed gekost* (Hebr. 12, 4), en evenmin het verduren van bezoekingen. *Als wij met Hem lijden, zullen wij met Hem heersen. Als wij met Hem sterven, zullen wij met Hem leven, maar als wij Hem verloochenen, zal ook Hij ons verloochenen* (vergl. 2Tim. 2, 11-12). De apostel uit zich zo, waar hij zich richt tot de Hebreeën: *Zijt ge al het Schriftwoord vergeten dat u als kinderen aanspreekt en aanmoedigt: Kind, minacht de tucht van de Heer niet, laat u door zijn straf niet ontmoedigen. Want de Heer tuchtigt hen die Hij liefheeft, Hij straft ieder die Hij als zijn kind erkent.* (Hebr. 12, 5-6). Daarom: houd vol, zuster, laat je niet ontmoedigen! Verwacht de bekoringen en de beproevingen als niet te vermijden en zelfs onmisbare bezoekers! Treedt hen tegemoet met moed, ijver, zelfs met vreugde, en denk daarbij aan de heilige martelaren. Met hoeveel vreugde gingen zij naar de folteringen en zelfs naar de dood! "De winter van de folteringen is wreed, zeiden zij, maar zoet is het paradijs…

De folteringen duren kort, de beloning eeuwig"[48]. Zij gingen naar hun vonnis zoals men naar een feest gaat, naar een triomf, zonder vrees voor verbrijzelde ledematen, voor het radbraken, om verscheurd te worden door de wilde dieren, om te komen door het water of het vuur, niets, niets van dat alles schrok hen af. Zoals de apostelen riepen zij voor het forum van de hele wereld uit: *Wie zal ons scheiden van de liefde van Christus? Verdrukking of nood, vervolging, honger, naaktheid, levensgevaar of het leven, niets zal ons kunnen scheiden van de liefde van God* (vergl. Rom. 8, 35-39).

[of: Noch verdrukking, noch nood, noch vervolging, noch honger, enz. ... niets]

Ik probeer niet je te stichten en te troosten met woorden van mijzelf of met mijn armzalige wijsheid van spreken. Zoals je kunt vaststellen zijn dit woorden van de H. Geest die door de apostelen spreekt tot de hele wereld om hen te instrueren en te troosten die de moeitevolle weg van het heil gaan, en die gebukt gaan onder de moeilijkheden en de tegenslag van het leven. Onze Heer Jezus Christus zegt tot hen: *Komt allen tot Mij die uitgeput zijt en onder lasten gebukt, en Ik zal u rust en verlichting schenken. Leert van Mij: Ik ben zachtmoedig en nederig van hart; en gij zult rust vinden voor uw zielen, want mijn juk is zacht en mijn last is licht.* (Mt. 11, 28.30).

O, moge de Heer je doen voelen en ervaren hoe zoet zijn juk is en hoe licht zijn last! Misschien kom je daartoe, door de genade Gods! Span je intussen in om je hart

---

[48] Uit het officie van de 40 martelaren van Sebaste, feestdag 9 maart).

sterk te maken in een niet te schokken onderwerping aan Gods Wil, in een stevig vertrouwen in zijn heilige Voorzienigheid, zonder welke ons niets kan gebeuren, *want zelfs de haren van ons hoofd zijn alle geteld* (vergl. Mt. 10, 30). *Verkoopt mijn niet twee mussen voor 'n stuiver?* - Zegt de Heer – *En toch zal buiten de wil van uw Vader niet één mus op de grond vallen. Weest dus niet bevreesd; gij zijt toch méér waard dan een zwerm mussen!* (Mt. 10, 29.31). O Heer onze God, hoe groot is uw medelijden voor ons zondaars. O oneindige goedheid van uw Voorzienigheid jegens ons! Moge uw aller-volmaaktste en alheilige Wil zich altijd in ons, onverstandige mensen, voltrekken! Plaats in ons hart 'n geest van nederigheid en van volstrekte onderwerping aan U, want aan U is de macht voor eeuwig!

BRIEF 11
OVER DE ZIEKTES EN HUN BEHANDELING

«Mijn lichaam is ziek ten gevolge van mijn talrijke zonden, en ook mijn ziel is ziek.»[49]

Glorie aan de Heer onze God, zuster, die je heeft doen opstaan van je ziekbed. Glorie aan de God van alle goedheid die je een nieuwe lente heeft verleend, een leven vernieuwd door een lange en moeilijke lijdensweg door ziektes van het lichaam, maar zeker ook van de ziel, «want ons lichaam is ziek ten gevolge van onze talrijke zonden, en ook onze ziel is ziek». Zoals je ziet onderscheidt de heilige Kerk de oorzaak van onze ziektes- zowel lichamelijke als geestelijke – in onze zonden! *Want wij allen struikelen vele malen* (Jac. 3, 2), zegt de apostel. Wij zondigen naar ziel en lichaam, in daden en gedachten, bewust en in onwetendheid, vrijwillig en onvrijwillig. De slechte gewoonte van de zonde sleept ons met geweld mee, als slaven die haar onderworpen zijn. Want *ik doe niet het goede dat ik wil, maar het kwade dat ik niet wil* (Rom. 7, 19) schrijft de H. Paulus. Als zij bezit heeft genomen van de ziel trekt de zonden haar naar de hellingen van het

---

49 Gebed bij de H. Communie.

verderf, en *Was de Heer mijn hulp niet geweest, welhaast woonde mijn ziel in de hel* (vergl. Ps. 94, 17). Maar de Heer is onze hulp. Hij onttrekt ons uit de afgrond van het verderf en reikt ons de helpende hand. Hij richt ons op als wij waren gevallen. Als wij geen aandacht schonken aan zijn waarschuwingen verbetert Hij ons vaderlijk door ons ziektes en lijden te zenden. Zo zuivert Hij onze ziel zoals goud in het vuur wordt gezuiverd om haar te vernieuwen en op te richten, opdat ze Hem met goede werken dient. Zo heeft de Heer deernis gehad met jou, zuster! Hij heeft je opgericht van je ziekbed en je vernieuwd door middel van langdurig en pijnlijk lijden. *Zie, je bent nu genezen! Zondig niet meer, opdat je niets ergers overkomt* (Joh. 5, 14), zei Jezus tot de lamme nadat Hij hem had genezen. Het zou goed zijn als jij nu diezelfde woorden herhaalt: « Zie, je bent nu genezen! Zondig niet meer, opdat je niets ergers overkomt!» Onderzoek jezelf, luister naar de stem van je geweten om te zien of je niet de toorn van God over je hebt afgeroepen, die tot uiting komt in de ziekte die je is gezonden. Want onze liefdevolle Vader *tuchtigt de kinderen die Hij liefheeft* (vergl. Hebr. 12, 6). En bij de wijze Sirach heet het: *Want goud wordt in de oven beproefd, en de aan God welgevallige mens in de oven van de vernedering* (Sir. 2, 5). Zij worden beproefd door de Heer *die niet wil dat iemand verloren gaat, maar dat allen tot inkeer komen* (vergl. 2 Petr. 3, 9).

Natuurlijk zendt de Heer ziektes en lijden niet altijd als straf voor de zonden. Veel rechtvaardigen hebben moeten lijden, zoals bij voorbeeld Job, de grote lijder van het Oude Verbond, en vele anderen. De Heer zond hen dit lijden om hen volmaakt te maken in geduld, nederigheid en heiligheid waarin de mens onbeperkt groeien kan *tot de mannenmaat van de volheid van Christus* (vergl. Ef. 4, 13). De Heer staat ook toe dat wij zondaars soms te lijden hebben opdat wij door ons geduld en onze gehoorzaamheid aan Gods Wil, Hem onze kinderlijke toewijding kunnen bewijzen, onze onwankelbare liefde en onze volmaakte nederigheid. We moeten dan de woorden vol wijsheid herhalen van de lijdende Job: *Als we het goede aannemen uit de hand van de Heer, waarom dan niet eveneens het ongeluk?* (Job 2, 10) Laten wij onderdanig alles wat Hij over ons zendt verdragen, niet als een ongeluk of tegenslag, maar als een genade van God. Want het is inderdaad een genade van God die ons, in de vorm van lijden, verleend wordt voor ons heil. Door middel van voorbijgaand en betrekkelijk licht lijden worden wij bevrijd van de altijddurende en onverdraaglijke kwellingen van de hel die wij hebben verdiend ten gevolge van onze niet te tellen zonden.

Gedurende je ziekte, zo schrijf je mij, heb je je gewend tot veel artsen, en hun voorschriften heb je opgevolgd zonder daarvan enige verlichting te bemerken. Eerlijk gezegd verheugt mij dat! Natuurlijk ben ik niet blij omdat je langer hebt moeten lijden dan wanneer de artsen je snel verlichting hadden kunnen bieden, maar [het verheugt mij] dat je je genezing uitsluitend kunt toeschrijven aan de barmhartigheid Gods, en niet aan de kunst of zorg van mensen, *zodat duidelijk blijkt dat die overgrote kracht van God komt en niet van ons* (2 Kor. 4, 7). Overigens, zelfs als de medische kunst je enige verlichting zou hebben gebracht, dan zou dat toch enkel geweest zijn dank zij de Wil van God, waarbij zijn barmhartigheid zich voor jou toonde door tussenkomst van een persoon, want, zo schrijft de wijze Sirach: *de genezing komt van de Allerhoogste, en de Heer laat de aarde geneeskrachtige kruiden voortbrengen.* (vergl. Sir. 38, 2.4)

Zie, je bent nu genezen! Breng dank aan de Heer! Je schrijft je als hernieuwd te voelen, als iemand die opnieuw begint te leven. Dat is normaal en zo moet het zijn. Wie lijdt aan een ernstige ziekte balanceert tussen leven en dood: naar welke kant zal de weegschaal doorslaan? Menigmaal heb je jezelf inwendig voorbereid op de overgang naar de eeuwigheid, en meerdere keren heeft men je de Heilige Mysteriën toegediend die je werden gegeven «voor de genezing van ziel en lichaam».[50] En zie, je lichaam is genezen, je ziel nieuw geworden, want niets geeft meer nieuwheid van leven dan de Heilige Communie. Zij geneest de zieken, doet terugkomen van de poorten van de dood, schenkt nieuwe kracht vol genade die de mens herstelt, zo goed dat hij helemaal vernieuwd wordt, herboren, zoals nu bij jou het geval is. Let op jezelf, geef blijk van waakzaamheid, van omzichtigheid *opdat je niets ergers overkomt* (Joh. 5, 14). Waak over je gezondheid als over een kostbaar geschenk van God! Laat niets toe dat haar kan schaden. Ben voorzichtig, matig in alles, en dat zal niet alleen de gezondheid van je lichaam ten goede komen maar ook die van je ziel.

Zie, je bent nu genezen! Zondig niet meer, opdat je niets ergers overkomt (Joh. 5, 14).

---

50 Liturgische tekst(oliezalving).

BRIEF 12
OVER HET GEBED

Hij schenkt het gebed aan degene die bidt.
(1 Sam. 2, 9 Sept.)

Dierbare zuster, je klaagt over je nalatigheid in het gebed. Je valt ten prooi aan luiheid, aan verstrooiing, en je vraagt mij naar aanleiding daarvan enkele woorden te schrijven over het gebed. Het gebed is een zee, zo diep dat zij ontoegankelijk is voor mijn begrip en het mijn krachten te boven gaat alle schatten te putten die in haar diepten schuil gaan. Daarenboven is het onmogelijk in enkele woorden en in één brief ook maar een gedeelte te behandelen van wat de Vaders, die wijs waren in God, over het gebed hebben geschreven, nadat zij de kracht van zijn genadevolle gaven hadden ondervonden.

Ziehier wat een van die vaders, de H. Johannes Climacus over het gebed zegt: "Het gebed is een engelachtige activiteit, verzoening van de ziel met God, zuivering van zonden, moeder en ook dochter van tranen, veilige brug over de golven van de bekoringen, verlichting van het denken, voedsel voor de ziel, vernietiging van alle droefheid, voorsmaak van de toekomstige vreugde. Het gebed is de rijkdom van de monniken, de schat van de kluizenaars."[51]

Het ware gebed is een geschenk van God dat verleend wordt aan wie bidden, d.i. aan hen die volharden in het gebed, zonder op te houden en te verslappen en die niet toegeven aan luiheid. Zoals de Schrift zegt *Hij schenkt het gebed aan degene die bidt* (1 Sam. 2, 9). Als het zich eigen maken van een deugd niet in eens gebeurt, maar door langdurige toeleg, hoeveel te meer is het nodig dat men om zich het gebed eigen te maken nog langer zich moeite geeft voor deze oefening, en zich dwingt om zonder verslapping te volharden. Is die droeve waarheid dat de menselijke geest traag is en weinig ijver toont voor het gebed, eigenlijk niet verwonderlijk? Zoals men weet is het gebed een gesprek van de ziel met God, de verheffing van hart en geest naar God die het Prototype en Principe van onze ziel is. Zou de ziel niet van nature moeten reiken naar haar Oorsprong, haar natuurlijk Prototype (vergl. Gen. 2,7; 3, 22)? Hoe voortvarend tonen wij ons om te spreken met de mensen om ons heen van wie wij houden, hoe ijverig om onze zaken en behoeften te regelen met mensen die in deze wereld macht hebben, en hoe graag maken wij onze wonden en ziektes bekend aan de arts! Maar voor onze liefderijkste Vader in de hemel, van Wie wij durven zeggen dat wij van Hem houden, voor onze genadevolle Geneesheer, de *Hogepriester die in staat is mee te lijden met onze zwakheden* (vergl. Hebr. 4, 15), voor de Koning der koningen en de Heer

---

51 Johannes Climacus, De geestelijke ladder, trede 28 (vergl. Monastieke Cahiers 50, blz. 405 Bonheiden 2002).

der Heren, gedragen wij ons bij het bidden niet alleen zonder voldoende vroomheid, liefde en een passend verlangen, maar dikwijls zelfs zonder aandacht, als waren wij gedwongen of verplicht, en niet van harte. Is dat geen vreemde, bedroevende houding, hoe is zij te verklaren?

Daar zijn veel redenen voor, maar de voornaamste, en meest fundamentele oorzaak is: dat wij zijn weggezakt in de dingen van deze wereld en wij hebben het daarmee zo druk dat de ziel het vlees, dat haar normaliter is onderworpen, niet meer de baas is, maar dat zij integendeel zijn slaaf is geworden. Het vlees dat vol passies is, in dienst van het bederf, heeft de overhand over de vrije en onsterfelijke ziel, en met zijn zwaarte heeft het als het ware de vleugels van de ziel verbrijzeld en haar opgang naar de hemel belemmerd. Wij zijn zo in beslag genomen door ons aardse onrustige leven, en zitten zo gevangen in dat net, dat het ons moeite kost het af te schudden, al was het maar even, om rein en onberispelijk voor Gods helder Aanschijn te staan en met een zuiver hart het licht van Christus, de Zon der gerechtigheid, te aanschouwen. Want *alleen de zuiveren van hart zullen God zien* (vergl. Mt. 5, 8). Op het uur van het gebed komen gewone en onbelangrijke dingen, die wij zelf uitstellen, naar boven op de oppervlakte van de zee van onze ziel waarvan de golven juist tot bedaren begonnen te komen met het oog op het gebed. En als wij er niet vlug bij zijn om daarin de influisteringen van de vijand te onderkennen, en ons niet haasten om ze helemaal te bestrijden en te verwerpen, maken zij zich meester van ons en wekken zij in ons een storm van verwarrende gedachten, die ons tenslotte helemaal afleidt van het gebed.

Wat zijn wij arme en onervaren mensen! Hoe snel vallen wij ten prooi aan de bekoringen van de vijand! Wij hebben nog zelfs geen begin van voortgang gemaakt in het gebed, wij hebben er de vruchten niet eens van geproefd!

De heilige Johannes Climacus onderscheidt drie graden in het gebed. «Het beginstadium van het gebed bestaat erin om vreemde gedachten bij hun eerste verschijnen met een sterke wil te verdrijven. Het tussenstadium is helemaal geen gedachten aan te nemen, alsof men ze niet opmerkt, en om ongeschokt en zonder verstrooiing te volharden in aandacht voor het gelezen gebed of de overweging. Wat betreft het derde stadium, het meest volmaakte van het gebed, dat bestaat in de verrukking van onze ziel en onze geest in God» (vergl De Hemelladder 28,20). Wie volmaakt is in het ascetische en geestelijk leven bereikt dit stadium. Maar soms verleent de Heer in zijn groot erbarmen aan minder volmaakten, die zich moeite geven om te bidden, om daarvan iets te smaken. Ik zal er je twee voorbeelden van geven.

Toen ik nog een jonge novice was stuurde mijn Overste, moeder G., mij naar een andere oudere religieuze, moeder T. De vespers waren gezongen, en het was etenstijd in de refter. Toen ik bij de deur van de zuster was zei ik het gewone gebed[52] en opende de deur zonder het antwoord af te wachten. Toen ik de drempel over was

---

52 In de Russische kloosters zegt iemand aan de deur van een cel de aanroep: «Heer Jezus Christus, Zoon van God, ontferm U over mij, zondaar», en gaat naar binnen als de bewoner heeft geantwoord: «Amen!».

zag ik moeder T. in de ikonenhoek geknield met geheven handen, terwijl zij de blik op de ikonen gericht hield. Hoewel ik het gebed met luide stem had uitgesproken en de deur nogal had geknarst, was het duidelijk dat zij mijn binnenkomen niet had opgemerkt. Behalve de moniale in gebed was er niemand in de cel. Ik stond besluiteloos op de drempel, durfde mij niet te bewegen en wist niet wat te doen. Ik was bang de moniale in verlegenheid te brengen als ik bleef en zij, als zij weer tot zichzelf kwam, zou zien dat ik getuige was geweest van haar vurig gebed, en als ik wegging was ik bang de deur opnieuw te laten knarsen, en ook: ik had geen zin om weg te gaan! In de gang hoorde ik de vrolijke stemmen van de zusters die terugkwamen van de refter en naar hun cellen gingen, en ik maakte mij op om de twee novicen die bij deze moniale woonden en die ook moesten binnenkomen te waarschuwen. Maar zij kwamen niet naar de cel, waar ik erg blij over was. Zo bleef ik ongeveer twintig minuten op de drempel. De moniale maakte geen enkele beweging. Alleen haar snikken en enkele onbestemde uitroepen waren een teken dat zij niet sliep. Tenslotte liet zij haar armen zakken, boog met haar hoofd tot op de grond, en richtte zich op. Ik begreep dat zij terugkeerde uit haar extase, en wilde haar niet verstoren door te tonen dat ik erbij was geweest, dus opende ik de deur en zei het gebed met een flinke stem, alsof ik juist aankwam. «Amen!» antwoordde zij en zij nam vlug plaats op een stoel dichtbij. Ik maakte een metanie en deelde haar de boodschap mee waarvoor ik gekomen was. Maar de moniale leek mijn woorden niet te verstaan, en overigens kon dat best zo zijn want haar ziel bevond zich nog in een betere wereld, en niet hier beneden! Zij bekeek mij argwanend en zei tenslotte: «ben je allang hier?» Ik onthield haar weer de waarheid terwijl ik bevestigde dat ik net binnenkwam toen ik de deur liet knarsen en het gebed zei. Maar waarschijnlijk verried mijn gezicht mij want ik was zo bewogen door het vredige en engelachtige uiterlijk van deze moniale dat ik mijn tranen nauwelijks kon bedwingen. Maar toch, om haar niet in verwarring te brengen hield ik vol om te jokken.

Zij bleef een hele tijd zwijgen, alsof zij helemaal opging in andere gedachten en mijn woorden niet hoorde. Ik hield mij ook stil, maar kon mijn tranen niet meer bedwingen. Bovendien was ik bezorgd wat ik tegen mijn Overste moest zeggen om haar mijn oponthoud uit te leggen. Moeder T. zat daar maar in stilte, met starre blik. Tranen vloeiden uit haar ogen, maar het kwam niet bij haar op ze af te wissen, en zij scheen ze zelfs niet te voelen. Zij was nog helemaal buiten(boven) zichzelf, als met weemoed denkend aan de extase die zij zojuist had beleefd. Tenslotte vroeg ze mij opnieuw: «ben je allang hier?» Dit keer had ik niet meer de moed om zo maar iets te zeggen, maar ik wierp mij zwijgend voor haar voeten. Ik weet niet waar ik de moed vandaan haalde om haar te vragen: «Matouchka[53], wat is u overkomen?» Zij keek mij aan, terwijl haar wijd geopende ogen verbijstering uitdrukten, en zachtmoedig antwoordde ze: «er is niets met mij gebeurd, m'n kind, maar ik voelde mij als in de lucht verheven, alsof ik iets zag!» Ze begon opnieuw te schreien, en voegde er na een tijdje stilte aan toe: «Ik kan

---

53 Matouchka, moedertje, aanspreektitel voor monialen in Rusland.

alleen maar zeggen: "Eer aan U, o Heer!" en zij maakte een kruisteken. Ga met God in vrede, en zwijg! Spreek er met niemand over, denk eraan, en zeg tegen je Overste dat ik je heb opgehouden».

Deze moniale, Moeder Theoctista, was van boerenafkomst, met weinig vorming, zelfs ongeletterd. Lange tijd had zij de moeilijke opdracht vervuld om geld in te zamelen voor het klooster[54]; later, toen zij hoogbejaard en verzwakt was, werd zij vrijgesteld van deze taak, en woonde zij alleen maar de gebedsdiensten bij, zoals de andere bejaarde monialen. Haar leven in de cel leek in niets te verschillen van dat van alle andere monialen, maar haar innerlijk leven werd gekend door Hem die als Enige alle harten doorgrondt.

Ik ga je nog een voorbeeld vertellen van gebed dat de bidder boven de aarde verhief. In hetzelfde klooster was een tamelijk jonge, maar heel vrome en spirituele zuster, die de woonruimte deelde met twee novicen[55]. Het gebeurde op een Zaterdag in de Grote Vasten. De twee novicen waren na het ontbijt weggegaan, en de moniale wilde profiteren van de eenzaamheid om te bidden. Zij vertelde mij het gebeurde als volgt: «Ik herinner mij alleen dat ik begon met uit het hoofd de *akathist-hymne van de Allerzoetste Jezus* op te zeggen. Ik voelde zijn aanwezigheid nog in mijn hart, want ik had die morgen de H. Mysteries ontvangen (gecommuniceerd). Ik las

---

54   De zusters die belast waren met deze taak moesten vaak verre voetreizen maken in moeilijke omstandigheden, om in de grote steden geld in te zamelen.

55   Misschien spreekt moeder Thaïssia hier over zichzelf.

een ikos[56], nog een, en ik voelde hoe mijn ziel meer en meer vervuld raakte van een heilige vermorzeling, en ontvlamd van liefde voor de Heer. Ik herinner mij dat ik begon te schreien en zowel fysiek als inwendig huiverde. Mijn lichaamskrachten lieten me in de steek en, om niet te vallen, knielde ik neer en boog mij ter aarde voor de heilige ikonen, terwijl ik in de geest het opzeggen van de akathist vervolgde. Mij dunkt dat ik kwam tot halverwege, maar van wat daarna kwam herinner ik mij niets meer. Alles wat mij omgaf, de bodem waarop ik neerlag, dat alles leek te verdwijnen, en een ander schouwspel bood zich aan: in de verte zag ik de Troon van God en Jezus Zelf die erop zetelde. Rond de troon hield zich een grote menigte van engelen of mensen, ik weet het niet, maar allen zongen wondermooi. Ik hield mij schuil achter hen allen, en ging helemaal op in geluk. Meer herinner ik mij niet, ik kan niets anders zeggen. Ik weet evenmin of dit visioen lange tijd aanhield. Maar later zeiden de novicen, die de cel met mij deelden, dat zij, toen zij binnenkwamen en mij voor de ikonen op de grond zagen liggen, eerst dachten dat ik aan het bidden was. Maar toen zij zagen dat ik mij niet oprichtte dachten zij dat ik sliep en begonnen zij mij te roepen, maar vergeefs! Toen lieten zij mij met rust. Toen ik tot mijzelf kwam na deze wonderlijke extase was de cel opnieuw leeg. Ik was daar heel blij over. De bodem waarop mijn hoofd had

---

56 Akathist, hymne die staande wordt gezongen/gebeden, zij bestaat uit 12 gezangen, elk samengesteld uit een kondak, een modelvers dat door het volk werd meegezongen, en een ikos, gezongen door een solist.

gerust was doordrenkt met tranen, alsof met er water over had uitgegoten. Mijn lichamelijke ledematen waren dus niet van het leven beroofd geweest gedurende het visioen, mijn ogen hadden stromen tranen gestort, maar zonder dat ik het voelde of bemerkte. Of, beter gezegd: ik weet helemaal niet wat mij overkwam. Hoe dan ook, de zoetheid die gedurende die heilige ogenblikken mijn hart had vervuld bleef nog geruime tijd als een onderpand van het hemels bezoek.

Beste zuster, ik heb je voorbeelden gegeven van contemplatief gebed van monialen die tijdgenoten zijn van ons. Wat let ons om dit ook te bereiken? In de geschriften van de heilige Vaders kunnen we zeer veel soortgelijke voorbeelden vinden, maar met opzet heb ik deze aangehaald, ontleend aan het monastieke leven van onze eigen tijd. Want als wij de verhalen lezen of horen van ascetische prestaties van de heiligen zeggen wij dikwijls om ons vrij te pleiten: « maar dat waren heiligen! Dat was vroeger! Nu zijn de mensen zwak, en het is 'n andere tijd!» Weet dus uit ervaring dat er zelfs heden ten dage echte asceten zijn. Het hangt niet van de tijd of de plaats af of 'n mens een heilige wordt, maar van zijn goede wil en vast besluit. Bid zonder ophouden, en de Heer zal je zijn genade niet onthouden.

BRIEF 13
OVER HET INWENDIG GEBED (VAN DE GEEST) DAT GESCHIEDT IN HET VERBORGENE VAN HET HART

Dicht bij u is het woord, het is in uw mond, het is in uw hart. (Rom. 10, 8)

In mijn vorige brief heb ik je gesproken, beste zuster, over het gebed in het algemeen. Nu wil ik je enkele woorden in het bijzonder zeggen over het inwendig gebed, dat ook het gebed van de geest wordt genoemd, omdat het zich afspeelt in de geest en het hart, verborgen en zonder uiterlijke tekens. Omdat van het specifiek geestelijk karakter is, moet het gebed noch door plaats noch door tijd gebonden zijn, noch door welke omstandigheid ook. Want zoals de Heilige Geest, die het gebed bezielt, zonder grens is en oneindig, zo is ook het gebed van de ziel, dat in het verborgene geschiedt, zonder grens, voortdurend, en op iedere plaats volbracht., *"allerwegen waar Hij regeert, loof de Heer, o mijn ziel" (ps 102/103, 22)*, *"avond en morgen en middag, blijf ik roepen tot God" (ps.54/55, 18,17)*, "Bidt zonder ophouden" (1 Thess. 5,17) leert de H. Paulus. Klaarblijkelijk doelt de apostel hier op het inwendig gebed, het gebed van de geest en van het hart, en niet op het uiterlijk gebed waaraan ook het lichaam deelheeft, want het is onmogelijk voor het zwakke vlees dat op ons drukt om zonder ophouden en ontspanning in gebed te blijven, zowel vanwege die zelfde zwakheid, als door de dwang van de uiterlijke omstandigheden van het leven. Wat het inwendig en verborgen gebed betreft, ieder kan en moet daar trouw aan zijn en zich voor God houden *in de innerlijke hoedanigheden van het hart, in het onvergankelijke sieraad van een zacht en gelijkmatig gemoed,* (1Petr.3,4). Als de apostel alle christenen leert dat zij zonder ophouden moeten bidden, is dat onophoudelijk gebed dan niet nog meer een absoluut gebod voor de monniken, die de overbodige zorgen van het leven van alledag hebben afgeworpen en die zich uitsluitend aan het gebed en aan de gedachte aan God hebben gewijd?

Bij de inkleding ontvangt de novice met het monastieke habijt (het rasson) ook een gebedssnoer[57], materieel symbool van het onophoudelijk gebed waaraan men zich wijdt terwijl men zich geleidelijk aan vertrouwd maakt met dit «geestelijk werk» zoals de ascetische vaders het gebed van het hart noemen. In onze tijd hebben zelfs deze gebedssnoeren (zoals veel dingen vol geestelijke zin) hun betekenis verloren, en zijn ze niet zozeer hulpmiddelen voor het gebed dan sieraad. En tot grotere opsmuk worden ze niet meer van wol gemaakt, zoals vroeger de «koorden» (d.w.z. de geknoopte gebedssnoeren) of

---

57 Het orthodoxe gebedssnoer wordt in het Grieks komboskini genoemd, in het Russisch tchotki. Het is meestal van zwarte wol, en bevat 33, 50, 100 of 300 knopen waaraan men het Jezusgebed bidt.

«ladders» (naam die eertijds in gebruik was), maar van parels, soms heel bijzondere! Lichtzinnige monialen scheppen er als kinderen genoegen in, en scheppen er tegenover elkaar mee op. Slechts 'n enkel klooster heeft de gewoonte bewaard om de gemeenschappelijke gebedsregel te volbrengen met het gebedssnoer, waarbij men al dan niet de gebruikelijke buigingen maakt. Maar de echte zin van het gebedssnoer, een hulpmiddel voor de monnik om zich te oefenen in het onophoudelijke geestelijk gebed, is bijna helemaal verloren gegaan.

Daarmee wil ik niet zeggen dat men zich de gewoonte van het innerlijk gebed niet zou kunnen eigen maken zonder het gebedssnoer! Integendeel, ik ken mensen die nooit een gebedssnoer in handen hebben gehad, en die geen monnik zijn, maar die tot innerlijk gebed en diepe beschouwing zijn gekomen. Noch hun omgeving, noch het gedoe van de wereld die hen omgeeft, niets leidt hen af van de innerlijke omgang met God, op Wie zij zich voortdurend in de geest houden gericht en Die zij voortdurend in hun hart dragen. Zo'n zielsgesteltenis is vrucht van een lange toeleg, een onverslapte aandacht voor zichzelf en voortdurend pogen om het geestelijk gebed te bereiken. Als zelfs mensen die in de wereld leven dit kunnen bereiken, verborgen dienaren van God die Hem in het geheim dienen, ligt dit dan niet nog meer in het bereik van monniken, en zijn zij hiertoe niet verplicht? Als moniale heb je uit hoofde van je roeping de verplichting zonder ophouden het innerlijk gebed te koesteren. Daarom vestig ik je aandacht op het gebedssnoer dat je bij je inkleding ontvangen hebt, niet als zomaar een attribuut van je habijt, maar als een instrument om je in te wijden in het gebed en een stoffelijke herinnering daaraan. Een lange en volgehouden toeleg, een voortdurend streven om zich te dwingen te bidden zijn, zoals ik je zei, nodig om het onophoudelijke geestelijk gebed te bereiken. Vergeet niet dat op elk willekeurig terrein, of het profane kennis geldt of kunst, het welslagen veel moeite vereist, intense en voortdurende praktijk voordat men een zekere ervaring en een volmaakte beheersing heeft verworven. Als wij niet beginnen met het werk, hoe zullen we het ooit voltooien? En als we het niet voltooien, of ons tenminste geen moeite daarvoor doen, *zullen wij daarover rekenschap moeten afleggen op de dag van het oordeel* (vergl. Mt. 12, 36). Laten we daarbij niet rekenen op onze eigen krachten, arm en onmachtig als wij zijn, maar op de genade van God die alvermogend is, en op zijn hulp, en laten we ons verwarde hart langzamerhand gewoon worden aan de heilige stilte van de Allerzoetste Jezus, want Hij alleen is de Vredevorst (vergl. Hebr. 7, 2).

Waar uw schat is, daar zal ook uw hart zijn (Lc. 12, 34), zegt de Heer. Als wij onze schat, dat wil zeggen al wat ons dierbaar is en waarvan wij houden, in de Heer plaatsen, zal Hij alleen ons hart, onze gedachten en heel ons geestelijk wezen vervullen. De leer van de apostel over het voortdurend gebed lijkt ons niet vreselijk moeilijk: het is de logische consequentie van de behoefte van onze ziel en de bevrediging van onze aspiraties om met hart en geest voortdurend in contact te zijn met de Heer. Het geestelijk gebed zou ons een kostbaar juweel zijn, ′n bron van geestelijke verkwikking en verruiming van hart. Als we zijn Naam aanroepen is Jezus aanwezig want, zegt de apostel *het woord is vlak bij, het is in uw mond, het is in uw hart* (Rom. 10, 8), dat wil zeggen het woord van je gebed ofwel God Zelf die je aanroept. De Heer bevestigt het waar Hij zegt: *Zie, Ik sta voor de deur* (dat is de deur van het hart) *en Ik klop;als iemand mijn stem hoort en de deur opent, zal Ik bij hem binnenkomen en maaltijd met hem houden en hij met Mij* (Openb. 3, 20). Begrijp je de oneindige liefde van de aller-zoetste Heer? Zelf dorst Hij ernaar te wonen in ons hart, als wij het Hem maar niet weigeren en verlangen Hem te ontvangen. *Ik zal bij hen wonen en Ik zal overal te midden van hen meegaan* (dat wil zeggen Ik zal bij hem zijn op al zijn wegen); *Ik zal voor hem een Vader zijn, en zij zullen mijn volk zijn* (vergl. 2 Kor. 6, 16.18; Lev. 26, 12). «O heilige, o beminnelijke, en zoete klank van uw Stem, o Heer[58]». Zalig wie luistert naar uw Stem en de deuren van zijn hart voor U opent.

Beste zuster, mediteer over deze woorden, koester gevoelens van vermorzeling en denk erover na. De Heer die alle geluk in zich bevat, die de bron is van alle goed, van alle licht, zuiverheid en heiligheid, heeft Hij ons onzuivere hart nodig, dat gewond is door alle soorten zonde en riekt naar het bederf van de hartstochten, ons bedorven en slechte hart? En toch, Hij minacht het niet en Hij is gereed om het elk moment te bezoeken, als wij Hem geen belemmering in de weg stellen. *Zie, Ik sta voor de deur en Ik klop;* (Openb. 3, 20) *Ik ben altijd bij u* (vergl. Ps72/73,23). *Roep Mij dan in het uur van uw nood en Ik red u* (Ps. 49/50, 15). Zoals ik zei, zou je verwachten dat de voortdurende praktijk van het geestelijk gebed met voorliefde door de monniken beoefend zou moeten worden, te meer omdat men er zich gemakkelijk aan kan

---

58 Liturgische tekst, Pentekostarion.

wijden gedurende elk willekeurig lichamelijk werk of alledaagse bezigheid, bij het eten en drinken, terwijl men wandelt, zijn kloosterlijke taken vervult, altijd, dag en nacht, als hart en geest gericht zijn op hun «inwendige werkzaamheid». Vaders, gevorderd in goddelijke wijsheid, die de zoetheid van het Jezusgebed hebben geproefd en zijn kracht hebben ervaren, hebben overvloedig hierover geschreven. Zo schreef een van de Geest vervulde vader: «Aan de Naam van Jezus en de oprechte herinnering aan Jezus is een grote kracht verbonden die de hartstochten verjaagt, de demonen verdrijft en het hart vervult met stilte en hemelse vreugde». Een ander vader zegt: «Sla de duivelse bekoringen met de Naam van Jezus, want er is onder de hemel niets machtiger dan die Naam.»[59] Dezelfde zegt: «Terwijl je eet en drinkt moet je met het voedsel in je mond de Naam van Jezus mengen (m.a.w. bid het Jezusgebed tijdens het eten) opdat Hij tegelijk je hart vreugde geeft, en je voedsel heiligt en zoet maakt.» Denk bij het eten aan de zoetheid van het geestelijk voedsel; en terwijl je drinkt, denk dan aan de zoetheid van het levend water dat door Jezus is beloofd en wordt geschonken aan wie gelooft, en herinner je zijn woorden: *Iedereen die van dit* (aardse*) water drinkt, krijgt weer dorst, maar wie van het water drinkt dat Ik hem geven zal, krijgt in eeuwigheid geen dorst meer* (Joh. 4, 13-14). *Als iemand dorst heeft, hij kome tot Mij* (Joh. 7, 37). Spreek in je binnenste tot de Heer: *Geef mij van Uw water, zodat ik geen dorst meer krijg* (Joh. 4, 15), «Jezus, voedsel dat sterkt, Jezus, levensbrood, verzadig mij, want ik lijd

---

[59] Johannes Climacus, Hemelladder.

honger, Jezus, Bron van wijsheid, schenk mij, die dorst lijd, verkwikking»[60] Of bid een soortgelijke tekst ontleend aan de H. Schrift en de liturgische boeken. Als je ergens heengaat, denk dan aan onze reis naar het hemels vaderland, waartoe ieder van ons is uitgenodigd, of breng je de tijd voor de geest waarin de Heer, die mens werd ter wille van ons heil op aarde wandelde en de mensen die Hem volgde leerde: *Ik ben de Weg;niemand komt tot de Vader tenzij door Mij* (Joh. 14, 6). *Ik ben de deur van de schapen* (Joh. 10, 7) *Komt allen tot Mij, die uitgeput zijt en onder lasten gebukt,en Ik zal u rust en verlichting schenken* (Mt. 11, 28). Antwoord met zulke woorden ontleend aan de H. Schrift, ofwel met je eigen woorden die uit je hart komen, aan de liefderijke roep van de Heer: *Wijs dan, Heer, mij uw weg, dat ik wandelen mag in uw waarheid* (ps. 85/86, 11). *Richt door uw belofte, mijn voetstap* (Ps. 118/119, 133).

Langzamerhand zal je hart gewoon worden te verkeren met de Heer, in een zoet gesprek dat de ziel vrede verschaft, een vrede die met niets valt te vergelijken, die alle begrip te boven gaat (dat wil zeggen iedere opvatting van het menselijk verstand) en alleen toegankelijk voor het hart dat bezocht wordt door de goddelijke genade op het uur van het gebed. De H. Isaäk de Syriër zegt: "Wie het voortdurend inwendig gebed heeft verworven is opgeklommen naar de hemel, want hij heeft Gods Geest in zijn hart ontvangen". Een ander geestdragende vader, de H. Johannes Climacus roept uit: "Het gebed is de aanschouwing van God al hier op aarde, een gouden

---

60   Russisch gebedenboek: Akathist tot de zoetste Jezus.

koord dat aarde met de hemel verenigt, schepsel met Schepper: het is een vertrouwvol onderhoud tussen schepsel en Schepper, waarin de ziel zich vol eerbied voor God aanwezig stelt, waarbij we alles wat ons omringt vergeten voor Hem, waarin de ziel gelukzalig opgaat in de Heilige Geest die alles vervult, voorsmaak van de komende zaligheid, de vestiging van de Allerheiligste Drievuldigheid in de ziel." Zie hoe hoog het gebed geprezen is door de heilige monniken en de van God vervulde vaders, die pijlers van het monnikendom, die het hebben beoefend en er de vruchten van hebben gesmaakt. Zij vergelijken het met de boom van het leven, waarvan de vruchten de ziel zo goed voeden dat zij niet sterft. Hoe zou zij ook kunnen sterven terwijl zij in zich de Bron van het leven en van de onsterfelijkheid draagt? Moge de Heer ook ons waardig maken om te proeven van deze paradijselijke boom.

BRIEF 14
OVER DE MONASTIEKE PROFESSIE DAT WIL ZEGGEN DE PROFESSIE IN DE HEILIGE ENGELACHTIGE ORDE

Zoon, geef Mij je hart. (Spr. 23, 26)

Eindelijk heb je het doel van je intrede in het klooster bereikt: je zult voorgoed, onherroepelijk verloofd worden met Christus, de onvergankelijke Bruidegom van onze zielen; je bereidt je voor op je monastieke professie. De Heer, die neerziet vanuit den hoge hemelen, en die de armen ontvangt, heeft je verlangen aanvaard dat je Hem helemaal wil toebehoren, en Hij heeft je bij monde van je Overste aangezegd: "bereid je voor om de heilige tonsuur te ontvangen". Hoe groot is Gods Barmhartigheid! Glorie aan zijn zeer goede Voorzienigheid ten onze opzichte! Glorie en dank aan zijn Grootmoedigheid, die ieder roept tot rouwmoed en de weg van het heil toont!

Je vraagt mij om je over dit onderwerp te schrijven en om je raad te geven over de ascetische strijd die je moet voeren. Maar wat kan ik je schrijven, wat niet duidelijk uitgelegd is in de ascetische geschriften van de heilige Vaders en wat je waarschijnlijk al weet? Ik raad je aan om die vaker en met meer opmerkzaamheid te lezen. Die boeken zijn een geestelijke schat waar ieder uit kan halen wat hem voordelig is.

De professie in de Heilige engelachtige Orde is iets groots! Welke grote en geheimvolle kracht verbergt zich in deze handeling, die ten doel heeft dat de mens in zijn innerlijk leven ′n engel wordt, want de engelen zijn onlichamelijk en een lichamelijk wezen kan hun gelijke niet zijn. Voor de monnik is de professie als een tweede doopsel, waarin hij wordt herboren en zich vernieuwt. Ten teken van die nieuwe geboorte ontdoet hij zich voorgoed van zijn wereldse kledij, en heel de oude mens. Zonder bovenkleding, blootvoets, met enkel een hemd (uitsluitend uit betamelijkheid) ontvangt hij voor het heilig Evangelie als uit Gods hand een nieuw kleed, *en bekleedt hij zich met de nieuwe mens in Christus Jezus* (vergl. Ef. 4, 24).

Welk een echt hemels en vertederend schouwspel! Zoals eertijds de Dienstmaagd des Heren voor het Heilige der heiligen sta jij, zuster, voor de Koninklijke Deuren en verklaar je plechtig ten overstaan van allen die zich in de kerk bevinden dat je «vrijwillig verzaakt aan de wereld en al zijn verleidingen[61], dat je *je ogen afwendt van al wat geen zin heeft* (vergl. Ps. 119, 37), *alles beschouwend als verlies om Christus te winnen* (vergl. Fil. 3, 8).

Gelukkigzalig ben je, zuster! Gelukzalig is je gedachte, zalig te prijzen is je verlangen, evenwel: «niet volgens datgene wat je gaat beloven, maar volgens wat je zult volbrengen»[62], zoals gezegd wordt in het officie van de

---

61 Rituale van de monastieke professie.
62 Rituale van de monastieke professie.

heilige monnikenwijding. Je hebt vreugde gebracht in de hemel en op aarde, je hebt vreugde gebracht voor hen die zich bekommeren om je heil, je hebt vreugde gebracht voor de engelen die zich verheugen over elke ziel die terugkeert naar God (vergl. Lc. 15, 7). Je hebt vreugde gebracht voor de Heer Zelf, die elk wezen dat lijdt onder de ijdelheid van de wereld roept tot zijn zalige en heel vredige rust: *komt tot Mij, en Ik zal u rust verschaffen* (Mt. 11, 28).

Je hebt dus antwoord gegeven op zijn oproep. Je bent naar Hem gekomen met je geschenken en je offers: als geschenk je zuivere en onbevlekte maagdelijkheid, als offer een beminnend hart, vrij van aardse hartstochten en vleselijke liefde. Hij verzoekt en verlangt niets anders: *Zoon, geef Mij je hart* (Spr. 23, 26). Als Hij meent dat je offer oprecht is en wordt gebracht zonder dubbelheid, zal Hij het aanvaarden en zich verenigen met je ziel, met als enige voorwaarde dat je hart niet dubbel is, maar helemaal, onherroepelijk, oprecht en heilig alleen aan Hem toebehoort. Zoniet, dan zal Hij je offer verwerpen als onwaardig aan zijn heiligheid en zijn majesteit. Kaïn en Abel, de twee zonen van de eerste mens Adam, boden God een offer aan. Beiden waren broers naar het vlees, beiden hadden eenzelfde verlangen en stelden dezelfde handeling. Toch *zag God genadig neer op Abel en zijn offer, maar sloeg Hij geen acht op Kaïn en zijn offer* (Gen. 4, 4-5). Waarom? Abel bracht een levend offer, Kaïn een onbezield, materieel. Abel koos voor zijn offer het beste wat hij had, Kaïn het minste. Bij de monniken geldt hetzelfde. Allen brengen aan God hun monastiek leven als offer, maar niet allen verdienen aanvaard te worden door God. *God is Geest, en wie Hem aanbidden moeten Hem aanbidden in geest en waarheid* (Joh. 4, 24). Onze offers zijn onvoldoende en niet aangenaam aan God als zij beperkt blijven tot een zich terugtrekken uit de wereld, tot enkel uiterlijke ascese, en zij niet bezield worden door de geest van leven, zoals de dode vruchten van het offer van Kaïn. Als heel onze monastieke ascese, ons vasten, dat wat wij ons ontzeggen, onze inspanningen worden verricht zonder dat wij eerst ons hart hebben gezuiverd, zonder dat wij met hart en ziel alleen naar God verlangen, zijn zij niet enkel niet in staat om God aangenaam te zijn, maar staan zij Hem zelfs tegen, omdat zij onvolkomen zijn, onvolmaakt en dubbel. Tot de Israelieten, die dachten God voor zich te kunnen winnen door riten en offers, sprak God door de profeet Jeaja: *uw vasten en uw nieuwemaan vieringen kan Ik niet uitstaan. Wanneer gij uw handen naar Mij uitstrekt, sluit Ik mijn ogen voor u; als gij uw gebeden vermenigvuldigt luister Ik niet naar u, want uw hart is vol trouweloosheid en dubbelhartigheid. Verwijdert de valsheid van uw ziel, dan zal Ik u verhoren en uw offers aanvaarden* (vergl. Jes. 1, 10-20).

Laten wij uit dit alles het volgende leren: wat baat ons de afstand van de wereld als de gehechtheid aan de wereld en zijn herinnering niet uit ons hart zijn uitgeroeid? In de beslotenheid van het klooster, achter de stenen muren van de kloosterlijke omheining hebben wij ons de mogelijkheid ontzegd de wereld enkel met de ogen van ons lichaam te zien en hebben wij ons onttrokken aan haar blikken. Maar onze geest, die niet begrensd wordt door enige muur of omheining, blijft altijd vrij om te zwerven langs de woelige stromen van het wereldse leven, waar hij onontkoombaar stuit op hinderlagen en valkuilen die zijn innerlijk verblijf schade berokkenen.

Dit is nu precies wat de profeet valsheid van de ziel noemt. Als wij vanuit de beslotenheid van het klooster naar de wereld kijken zonder deze te hebben misprezen, gelijken wij dan niet op een hond die terugkeert tot zijn braaksel? (vergl. 2 Pe 2, 22; Spr. 26, 11). Wij onthouden ons van voedsel, maar in gedachten en in de geest verlekkeren wij ons met verboden vruchten van allerlei slag. Wij waken, maar onze geest wordt bezwaard door aardse zorgen. Wij staan stil in gebed en psalmodie maar onze gedachten dwalen alle kanten uit. Wij zijn bij de bron van de liefde aangekomen, maar dikwijls koesteren wij in ons hart stinkende haat als Judas die met een kus, als met een teken van liefde, zijn Heer en Meester verraadde, de bron van het Licht en van het leven, naar Wie hij, evenals wij, was gekomen om zijn leerling en metgezel te worden.

Zal de Heer ook niet tot ons zeggen, zoals eens tot de Israëlieten: *Wie heeft deze dingen van u gevraagd? Ik verafschuw uw vasten. Doet de valsheid weg uit uw hart, dan zal Ik u verhoren* (vergl. Jes. 1, 10 enz.). Voor een moniale bestaat valsheid in de ontrouw aan haar hemelse Bruidegom, met Wie zij is verloofd door de monastieke professie, Die zij heeft beloofd trouw en zonder mankeren te dienen, maar van Wie zij zich niettemin heeft afgewend en van Wie zij zich telkens weer afwendt als zij Diens wens niet vervult.

De bruid van het Hooglied, die de met Christus verloofde ziel voorstelt, droeg haar Bruidegom dag en nacht in haar hart en haar geest, want zij had zich geheel aan hem toegewijd *en beminde Hem alleen met heel haar hart, heel haar ziel en heel haar geest* (vergl. Mt. 22, 37) Dat vraagt de Heer ook van ons. *Ik heb mijn zielsbeminde vastgepakt en laat hem niet meer los voor ik hem heb binnengeleid in het huis van mijn moeder* (vergl. Hoogl. 3, 4). Ook jij, zuster, pak Hem vast en laat Hem niet meer los voor je Hem hebt binnengeleid in het huis van je ziel en je gewaar wordt dat Hij voortdurend bij je verblijft, onlosmakelijk en onherroepelijk. Onderhoudt je voortdurend met Hem in gedachte en in je inwendig gebed. Schenk zonder te verslappen aandacht aan jezelf, dat niets afbreuk kan doen aan zijn heilige aanwezigheid in je hart. Als Hij je ijver en je trouw ziet zal Hijzelf je overstelpen van vreugde, zijn aanwezigheid zal je ziel vervullen en Hij zal, volgens het woord van de apostel «één geest» met je zijn. *Wie zich met de Heer verenigt is met Hem één geest* (1 Kor. 6, 17). Hij zal je beminnen want zoals Hij heeft gezegd: *Wie mij liefhebben heb ik lief en wie mij zoeken zullen mij vinden* (Spr. 8, 17), *wie Mij liefheeft, zal door mijn Vader bemind worden, ook Ik zal hem beminnen, en Wij zullen tot hem komen en verblijf bij hem nemen* (Joh. 14, 21.23). Is er iets groters dan deze zaligheid, iets verhevener dan deze eer: onlosmakelijk verenigd te zijn met de Heer, verloofd met de Zoon van God en voor altijd zijn hemels koninkrijk erven, dat onvergankelijk is en zonder grens? Gelukkig ben je, zuster, driewerf gelukkig!Maar opnieuw herhaal ik: «gelukkig niet op grond van wat je belooft, maar naar de mate dat je het zult volbrengen»[63] En je zult gemakkelijker voortgang maken wanneer je je vaker de antwoorden herinnert die je hebt gegeven[64] aan de celebrant die je

---

63 Monastiek rituale.
64 Vanaf hier richt moeder Thaïssia tot de novice alsof deze haar geloften al heeft afgelegd.

ondervroeg voor het Kruis en het Evangelie als voor het Woord, de gekruisigde Zoon van God, Die je door je beloften verzekerde van je trouw en je liefde, als een verloofde voor haar bruidegom voor haar verbintenis. Zou degene die je de monnikswijding gaf niet geweten hebben waarom je daar stond bij de Koninklijke Deuren in een zo ongewone uitmonstering, met alleen een hemd aan, en loshangend haar, terwijl je werd omgeven door al je gezellinnen met brandende kaarsen in de hand? Toch vroeg hij je om met je eigen woorden de beslissende antwoorden te geven toen hij je vroeg: «Zuster, waarom bent u gekomen om u hier voor het heilig altaar en deze heilige gemeenschap op de grond te werpen?»[65]

En jij antwoordde ten overstaan van allen: «Ik verlang het monastieke leven.» Met waardering voor je goede ijver deed hij je meteen op je hoede zijn: «U hebt echt een goed en gezegend werk gekozen, maar het veronderstelt dat u het uitvoert, want het vereist inspanning om goede werken te volbrengen.» Vervolgens legde hij in bijzonderheden uit welke moeilijkheden aan deze weg verbonden zijn en hij stelde ze aan je voor in de vorm van vragen, zodat je elk ervan onder ogen kon zien en er gedetailleerd op kon antwoorden. En pas nadat je had verklaard bereid te zijn iedere moeilijkheid en ontbering te willen verdragen uit liefde voor de Heer knipte hij je haren ten teken van verzaking aan elk vleselijk begeren en iedere aardse hartstocht, die vanaf dat ogenblik en volgens je eigen wil van je werden weggenomen. En

---

[65] Deze en de volgende aanhalingen zijn ontleend aan het Monastiek rituale.

hij verloofde je aan de hemelse Bruidegom terwijl hij je in herinnering bracht: «Bedenk aan wie u zich hebt verbonden, bedenk de beloften die je doet. De engelen zijn onzichtbaar aanwezig en zij maken aantekening van je professie waarvan je rekenschap zult moeten geven bij de Tweede Komst van Onze Heer Jezus Christus.»

O zusters, mochten wij toch maar vaker denken aan de dag van onze heilige professie en ons de gelukkige staat te binnen brengen waarin onze ziel toen verkeerde! Heel de wereld zou ons vreemd zijn en overbodig, al bood hij ons al zijn schatten. Vrijmoedig zouden wij met de apostel kunnen uitroepen: *Wie zal ons scheiden van de liefde van Christus? Verdrukking of nood, vervolging, naaktheid, levensgevaar? Zelfs de dood zal ons niet kunnen scheiden van de liefde van onze allerzoetste Heer*» (vergl. Rom 8, 35-39).

Laat die herinneringen in alle omstandigheden van je leven gegrift staan in je ziel. Dan zul je al hier op aarde het Rijk Gods smaken en je zult je ziel redden.

Kapel van de Hermitage toegewijd aan Alle Heiligen van het Russisch grondgebied te Mourmelon-le-Grand (Fr).

Ingang van het Grottenklooster van Pskov.

Kluizen van het klooster van de Ontslaping van
de Moeder Gods te Piuchtitsa.

Kerkhof van het klooster van de ontslaping van de Moeder Gods in Piuchtitsa.

NIHILISME

DE WORTEL VAN DE REVOLUTIE VAN HET MODERNE TIJDPERK

V. SERAFIM ROSE

UITGEVERIJ ORTHODOX LOGOS

CATECHETISCH WOORD OVER HET GEBED VAN HET HART

AARTSPRIESTER SILOUAN OSSEE

VADER SERAFIM ROSE

GODS OPENBARING
AAN HET
MENSELIJK HART

UITGEVERIJ ORTHODOX LOGOS

www.ingramcontent.com/pod-product-compliance
Lightning Source LLC
Chambersburg PA
CBHW021442080526
44588CB00009B/653